ALGUNS ANDAIMES DA CONSTITUIÇÃO

Instituto Brasiliense de Direito Público
Conselho científico
Presidente: Gilmar Ferreira Mendes
Secretário-Geral: Jairo Gilberto Schäfer
Coordenador-Geral: João Paulo Bachur
Coordenador Executivo: Atalá Correia

Alberto Oehling de Los Reyes
Alexandre Zavaglia Pereira Coelho
António Francisco de Sousa
Arnoldo Wald
Sérgio Antônio Ferreira Victor
Carlos Blanco de Morais
Everardo Maciel
Fabio Lima Quintas
Felix Fischer
Fernando Rezende
Francisco Balaguer Callejón
Francisco Fernández Segado
Ingo Wolfgang Sarlet
Jorge Miranda
José Levi Mello do Amaral Júnior
José Roberto Afonso
Elival da Silva Ramos

Katrin Möltgen
Lenio Luiz Streck
Ludger Schrapper
Maria Alicia Lima Peralta
Michael Bertrams
Miguel Carbonell Sánchez
Paulo Gustavo Gonet Branco
Pier Domenico Logroscino
Rainer Frey
Rodrigo de Bittencourt Mudrovitsch
Laura Schertel Mendes
Rui Stoco
Ruy Rosado de Aguiar
Sergio Bermudes
Sérgio Prado
Walter Costa Porto

O GEN | Grupo Editorial Nacional – maior plataforma editorial brasileira no segmento científico, técnico e profissional – publica conteúdos nas áreas de concursos, ciências jurídicas, humanas, exatas, da saúde e sociais aplicadas, além de prover serviços direcionados à educação continuada.

As editoras que integram o GEN, das mais respeitadas no mercado editorial, construíram catálogos inigualáveis, com obras decisivas para a formação acadêmica e o aperfeiçoamento de várias gerações de profissionais e estudantes, tendo se tornado sinônimo de qualidade e seriedade.

A missão do GEN e dos núcleos de conteúdo que o compõem é prover a melhor informação científica e distribuí-la de maneira flexível e conveniente, a preços justos, gerando benefícios e servindo a autores, docentes, livreiros, funcionários, colaboradores e acionistas.

Nosso comportamento ético incondicional e nossa responsabilidade social e ambiental são reforçados pela natureza educacional de nossa atividade e dão sustentabilidade ao crescimento contínuo e à rentabilidade do grupo.

COLEÇÃO
CONSTITUCIONALISMO
BRASILEIRO

ALIOMAR
BALEEIRO

Apresentação
CARLOS
VELLOSO

ALGUNS ANDAIMES DA CONSTITUIÇÃO

2ª
edição

idp

- A EDITORA FORENSE se responsabiliza pelos vícios do produto no que concerne à sua edição (impressão e apresentação a fim de possibilitar ao consumidor bem manuseá-lo e lê-lo). Nem a editora nem o autor assumem qualquer responsabilidade por eventuais danos ou perdas a pessoa ou bens, decorrentes do uso da presente obra.
  Todos os direitos reservados. Nos termos da Lei que resguarda os direitos autorais, é proibida a reprodução total ou parcial de qualquer forma ou por qualquer meio, eletrônico ou mecânico, inclusive através de processos xerográficos, fotocópia e gravação, sem permissão por escrito do autor e do editor.

  Impresso no Brasil – Printed in Brazil

- Direitos exclusivos para o Brasil na língua portuguesa
  Copyright © 2019 by
  EDITORA FORENSE LTDA.
  Uma editora integrante do GEN | Grupo Editorial Nacional
  Travessa do Ouvidor, 11 – Térreo e 6º andar – 20040-040 – Rio de Janeiro – RJ
  Tel.: (21) 3543-0770 – Fax: (21) 3543-0896
  faleconosco@grupogen.com.br | www.grupogen.com.br

- O titular cuja obra seja fraudulentamente reproduzida, divulgada ou de qualquer forma utilizada poderá requerer a apreensão dos exemplares reproduzidos ou a suspensão da divulgação, sem prejuízo da indenização cabível (art. 102 da Lei n. 9.610, de 19.02.1998). Quem vender, expuser à venda, ocultar, adquirir, distribuir, tiver em depósito ou utilizar obra ou fonograma reproduzidos com fraude, com a finalidade de vender, obter ganho, vantagem, proveito, lucro direto ou indireto, para si ou para outrem, será solidariamente responsável com o contrafator, nos termos dos artigos precedentes, respondendo como contrafatores o importador e o distribuidor em caso de reprodução no exterior (art. 104 da Lei n. 9.610/98).

- Capa: Fabricio Vale

- **CIP – BRASIL. CATALOGAÇÃO NA FONTE.**
  SINDICATO NACIONAL DOS EDITORES DE LIVROS, RJ.

  B152a
  Baleeiro, Aliomar

  Alguns andaimes da constituição / Aliomar Baleeiro.– 2. ed. – Rio de Janeiro: Forense, 2019.

  Inclui bibliografia
  ISBN 978-85-309-8223-2

  1. Direito constitucional. I. Título. II. Série.

  18-51426   CDU: 342

  Vanessa Mafra Xavier Salgado - Bibliotecária - CRB-7/6644

APRESENTAÇÃO

Aliomar Baleeiro, no inteligente prefácio que escreveu para o seu livro, *Alguns Andaimes da Constituição*, invoca velha metáfora segundo a qual as Constituições políticas são como edifícios. "A Constituição britânica suscitaria a ideia de vetusta obra a que sucessivas gerações foram acrescentando mais uns pavimentos ou mais alguma dependência ao lado e tornando-a 'funcional' pela pressão de novas necessidades. Já a constituição federal americana anteciparia a arquitetura revolucionária dos arranha-céus na unidade externa do sistema de apartamentos estanques e independentes: antevisão da propriedade horizontal."
Na construção dos prédios, há pedreiros, serventes de pedreiros, carpinteiros, encanadores e mestres de obra. Esse pessoal prepara os andaimes que sobem à medida que a construção toma vulto. Concluída a obra, os andaimes são amontoados e destinados a outros fins, dispersando-se os trabalhadores. Acrescenta Baleeiro que "nas edificações constitucionais o processo não é muito diferente, nem merece outro paradeiro o madeirame provisório por onde transitaram os materiais definitivos na concretização do risco dos arquitetos".
Baleeiro compara essa metáfora com o livro ora apresentado, que contém primorosos relatórios e pareceres proferidos na Comissão de Constituição da Assembleia Constituinte de 1946, da qual foi ele relator. Esses relatórios e pareceres são enfeixados na obra, com a finalidade, sobretudo, de servirem de "subsídio à análise histórica de certos dispositivos ainda pouco estudados e como prestação de contas", acrescenta, "aos concidadãos que nos elegeram representante da Bahia à Assembleia Nacional Constituinte de 1946".
Na instituição do Sistema Constitucional Tributário, com a Emenda Constitucional nº 18, de 1965, e do Código Tributário

Nacional, em 1966, os "andaimes" foram de grande utilidade, constituindo roteiro seguro ao constituinte derivado de 1965.

Baleeiro foi, aliás, um dos artífices da EC nº 18 e do CTN, Lei nº 5.172, de 1966, recebido pelas Constituições de 1967 e 1988 como lei complementar. Relator, por feliz coincidência, na Comissão da Constituição e Justiça da Câmara dos Deputados, do "Projeto Rubens Gomes de Souza – Oswaldo Aranha", Baleeiro trouxe ao debate muito dos "andaimes" da Constituinte de 1946. Da necessidade de um Código Tributário Nacional, a fim de contribuir para a unificação do Direito Tributário brasileiro, vale mencionar trecho do parecer de Baleeiro: "(...) quem cortar o Brasil de norte a sul ou de leste a oeste conhecerá o império de mais de 2.000 aparelhos fiscais, pois que a União, os Estados, o Distrito Federal e os Municípios se regem por textos diversos de Direito Tributário, (...) cada Estado ou Município regula diversamente os prazos de prescrição, as regras da solidariedade, o conceito do fato gerador, as bases de cálculo dos impostos que foram distribuídos etc. (...)" Hoje temos 26 Estados e o Distrito Federal e cerca de 5.500 municípios. Imagine se não tivéssemos um Sistema Constitucional Tributário (EC nº 18/1965) e um Código Tributário Nacional, ambos de inspiração de Baleeiro e dos pioneiros, no Brasil, do Direito Tributário em termos científicos.

O Ministro Aliomar Baleeiro foi dos maiores juízes do Supremo Tribunal Federal. Constitucionalista, profundo conhecedor da jurisprudência da Suprema Corte norte-americana, seus votos, no Supremo Tribunal Federal, fizeram história, constituem parte do direito brasileiro.[1] Professor Catedrático de Finanças da Faculdade de Direito da Universidade Federal da Bahia, de Direito Financeiro e História Constitucional na Universidade de Brasília (UnB), além de professor emérito da Universidade do antigo Estado da Guanabara, hoje UERJ, enriqueceu a literatura jurídica brasileira com livros notáveis. Destaco três, amplamente consultados e anotados na academia e no foro, *Uma Introdução à Ciência das Finanças*, *Direito Tributário Brasileiro* e *Limitações Constitucionais ao Poder de Tributar*, estes dois últimos reeditados recentemente e superiormente

---

[1] O livro *Memória Jurisprudencial – Ministro Aliomar Baleeiro*, do professor José Levi Mello do Amaral, editado em 2006, pelo Supremo Tribunal Federal, constitui roteiro seguro para os estudiosos da jurisprudência do Tribunal.

atualizados pela professora Misabel Derzi, da Universidade Federal de Minas Gerais. Mas não posso deixar de mencionar o pequeno grande livro – "O Supremo Tribunal Federal, esse outro desconhecido" – que nos convida a conhecer, respeitar e a estimar aquela austera Casa, que o "bâtonnier" Levi Carneiro denominou "a joia das instituições republicanas brasileiras".

Notável expositor do Direito Constitucional Tributário, Baleeiro foi certamente o mais expressivo integrante do brilhante grupo dos pioneiros do Direito Tributário brasileiro, em termos científicos: Rubens Gomes de Souza, Gilberto de Ulhoa Canto, Tito Rezende, Carlos Rocha Guimarães, Gerson Augusto da Silva, Alcides Jorge Costa, Luiz Gonzaga do Nascimento Silva, José Luiz Bulhões Pedreira.

Na trilha aberta pelos pioneiros, vieram Geraldo Ataliba, que fez escola, Ives Gandra da Silva Martins, Amílcar de Araújo Falcão, Alfredo Augusto Becker, Ricardo Lobo Torres, José Souto Maior Borges, Fernando Resende, Paulo Barros Carvalho, Sacha Calmon, Misabel Derzi, Roque Carrazza, Hugo de Brito Machado, Osires de Azevedo Lopes Filho, Edvaldo Brito, Heleno Taveira Torres, entre outros ilustres tributaristas.

O primeiro trabalho enfeixado nos "andaimes", o Relatório da Subcomissão de Discriminação de Rendas sobre as Diretrizes Financeiras do projeto de Constituição, estudo de fôlego, cuida da discriminação de receitas no sistema federativo, ou da repartição da competência tributária e da distribuição da receita tributária. Baleeiro registra a importância que lhe deram, na Convenção da Filadélfia, os *founding fathers* norte-americanos. Informa que Hamilton "dedicou nada menos de sete de seus artigos reunidos no 'Federalista' a esse problema". E acrescenta que "naquelas páginas, onde ainda hoje há o que aproveitar, já se mostra que, numa federação, se começa por sacrificar a simplicidade, criando necessariamente a pluralidade de aparelhos arrecadadores sobre o mesmo campo geográfico e populacional". O relatório apresenta diretrizes para um sistema tributário, vai aos antecedentes fiscais do Brasil, examina "o problema dos municípios", os confrontos e contrastes dos sistemas fiscais de diferentes países, concluindo com o "O plano da subcomissão", o anteprojeto constitucional (disposições financeiras), fixando-se nas receitas tributárias, inclusive municipais e nas regras básicas concernentes ao orçamento.

Segue-se o Relatório geral sobre as emendas oferecidas, na Assembleia, ao Título IV – Da organização financeira, especialmente do estabelecimento das competências privativas da União para a criação de impostos, das rendas destes provenientes, da elaboração dos orçamentos e da abertura de créditos extraordinários, da fiscalização da administração financeira e dos pagamentos devidos pela Fazenda Pública. O exame, uma a uma, das emendas oferecidas, vêm em seguida, contendo os interessantes debates havidos entre os parlamentares.

Os andaimes alcançam a cumeeira do edifício. Meticulosamente, examina a competência tributária e legislativa do Congresso, as votações secretas deste, e vai além. A justiça social na organização financeira não é esquecida e um rol de questões é analisado proficientemente: a partilha do imposto único sobre combustíveis, minérios, o direito de resposta e recurso judicial, alfândegas e entrepostos aduaneiros, a capacidade para o exercício de profissões técnico-científicas e liberais, o comércio interestadual, a cassação de mandato parlamentar por falta de decoro, o estabelecimento do crédito e bancos, os inquéritos parlamentares, a intervenção federal nos Estados, os atos exclusivos do selo federal, ou os atos que se excluem do imposto do selo, que acabou extinto, a competência para organização da proposta orçamentária, limites litigiosos entre Estados, controle de brasileiros sobre minas e energia hidrelétrica, o Direito Financeiro, imposto sobre a valorização eventual de imóveis, perda de cidadania, assistência religiosa, convicções filosóficas e religiosas, terras não aproveitadas e imposto progressivo, intervenção e dívida externa, isenção dos concessionários de serviços públicos, concessionários de serviços federais, impostos extraordinários de guerra, restabelecimento das constituições estaduais de 1935, eleição indireta do vice-presidente em caso de vaga, limites interestaduais, aprovação do Senado para interventores e governadores de territórios, projetos de comissões, condições de elegibilidade para o Congresso e as reivindicações financeiras municipais.

Cada um desses temas mereceu judiciosas considerações, ainda que breves, do deputado e professor Aliomar Baleeiro. Não foi fácil acalmar o desejo de comentar, uma a uma, essas reflexões, mais para apreender as lições que delas defluem. Mas não é dado ao apresentador do livro subtrair ao leitor o prazer de tomar conhecimento, ele próprio e em primeira mão, do conteúdo da obra apresentada.

Cumprimento o editor, o Instituto Brasiliense de Direito Público (IDP), na pessoa do seu professor, Ministro Gilmar Mendes, pela ideia de reeditar os *Andaimes da Constituição* de mestre Aliomar Baleeiro. Essa edição vai enriquecer a biblioteca dos professores, advogados, juízes, estudantes e, sobretudo, dos estudiosos do direito público, especialmente do Direito Constitucional Tributário, realizando o vaticínio de Baleeiro: constituirão "subsídio à análise histórica de certos dispositivos ainda pouco (e mal, acrescentamos) estudados".

Brasília, DF, 11 de setembro de 2018
Carlos Mário da Silva Velloso[2]

---

[2] Ministro aposentado, ex-presidente do Supremo Tribunal Federal; professor emérito da UnB e da PUC/MG, em cujas Faculdades de Direito foi professor titular de Direito Constitucional e Teoria Geral do Direito Público; ex-professor de Direito Constitucional Tributário no Instituto Brasiliense de Direito Público (IDP); advogado.

Nota da editora:
Todo o sumário foi mantido conforme publicação original.

ÍNDICE

Pág.

PREFÁCIO 5

Relatório da Subcomissão de discriminação de rendas sôbre as diretrizes financeiras do projeto de constituição.

1 — Orientação geral. 2 — Diretrizes para um sistema tributário. 3 — Os antecedentes fiscais do Brasil. 4 — Os problemas dos Municípios. 5 — Confrontos e contrastes. 6 — O plano da Subcomissão 7

Anteprojeto Constitucional (disposições financeiras) 53

Relatório geral sôbre as emendas oferecidas ao Título IV — "Da organização financeira" (arts. 127 a 146) 63

Nova Redação, nos têrmos do parecer e relatório da 2.ª Subcomissão 99

Emendas oferecidas, em plenário, ao projeto de Constituição, residência no país, requisito dos candidatos a Presidente da República . 111

Orçamento 112

Competência tributária do congresso (redação) . 112

Autorizações do Congresso (redação) 113

Competência Legislativa do Congresso (redação) 114

Votações secretas no Congresso 115

Autoridade "processante" 116

O orçamento e os impostos 117

Desembargadores por concurso 118

Vencimentos dos desembargadores 120

Justiça Social na organização financeira 120

Partilha do impôsto único sôbre combustíveis, minérios, etc. 124

Direito de Resposta e Recurso Judicial 126

Alfândegas e Entrepostos Aduaneiros 127

Capacidade para exercício de profissões técnico-científicas e liberais 129

Comércio interestadual 130

Cassação de Mandato Parlamentar por falta de Decôro 131

Estabelecimento de Crédito e Bancos 133

Inquéritos Parlamentares 135

Intervenção Federal nos Estados 137

Atos excluidores do Sêlo Federal 140

Competência para organização da proposta orçamentária 141

Limites litigiosos entre Estados 143

Contrôle de brasileiros sôbre minas e energia hidro-elétrica. 144

Direito Financeiro 151

Terras não aproveitadas e impôsto progressivo . 162

Intervenção e dívida externa................ 164

Isenção dos concessionários de Serviços Públicos 166

Concessionários de Serviços Federais `......... 168

Impôstos extraordinários de guerra 172

Restabelecimento das constituições estaduais de
   1935 174

Eleição indireta do vice-presidente em caso de
   vaga 176

Limites interestaduais 177

Aprovação do Senado para interventores e governadores de territórios 178

Projetos de comissões 180

Condições de elegibilidade para o Congresso 181

As reivindicações financeiras municipais 182

Alguns
ANDAIMES DA CONSTITUIÇÃO

Velha e fatigada metáfora quer que as Constituições políticas se pareçam com edifícios. A Constituição britânica suscitaria a idéia de vetusta obra a que sucessivas gerações foram acrescentando mais uns pavimentos ou mais alguma dependência ao lado e tornando-a "funcional" pela pressão de novas necessidades dos moradores. Já a constituição federal americana anteciparia a arquitetura revolucionária dos arranha-céus na unidade externa do sistema de apartamentos estanques e independentes: — antevisão da propriedade horizontal.

Edifícios em terrenos menos firmes desabaram enquanto outros mantêm a estrutura, mas variam de fachada e de côr segundo as modas do momento.

A arte de construir, depois dos planos e projetos dos mestres, costuma empregar o pessoal obscuro de serviço no arranjo dos andaimes de relativa, mas efêmera utilidade no curso dos trabalhos. Levantadas as paredes, assentada a cumieira e as escadas, prontos os acabamentos, cessa o préstimo humilde dos andaimes, que se desmancham e atiram ao montão de resíduos destinados ao fôgo ou ao cupim.

Nas edificações constitucionais o processo não é muito diferente, nem merece outro paradeiro o madeirame provisório por onde transita-

ram os materiais definitivos na concretização do risco dos arquitetos.

Neste pequeno volume se reunem alguns restos de andaimes — não todos os que pregamos ou ajudamos a pregar na Constituição de 1946.

Não os ajuntamos aqui pela veleidade de salvá-los daquele fim lógico e tradicional, mas apenas como subsídio à análise histórica de certos dispositivos ainda pouco estudados e como prestação de contas aos concidadãos que nos elegeram representante da Bahia à Assembléia Nacional Constituinte de 1946.

Na memorável campanha de 1945, propuzemo-nos a cooperar na redemocratização do país buscando sobretudo o fortalecimento financeiro e político dos Municípios e maior justiça fiscal para todos. A circunstância de termos sido Relator da Discriminação de Rendas na elaboração do texto constitucional favoreceu a tarefa voluntàriamente assumida. Alguns documentos dessa atuação aqui se divulgam como satisfação aos que nos honraram com sua confiança. Todavia não são mais do que restos de andaimes, cujo préstimo já se exauriu.

Cabula (Bahia), julho de 1950

Aliomar Baleeiro

CONSTITUINTE DE 1946

COMISSÃO DA CONSTITUIÇÃO

RELATÓRIO DA SUBCOMISSÃO DE DISCRIMINAÇÃO DE RENDAS SÔBRE AS DIRETRIZES FINANCEIRAS DO PROJETO DE CONSTITUIÇÃO

I

ORIENTAÇÃO GERAL

Não datam do nosso tempo, agoniado pela questão social e atravancado pelas múltiplas e complexas funções atribuídas ao Estado contemporâneo, cada qual a exigir maior soma de despêndios, as dificuldades para o estabelecimento da boa discriminação de receitas num país de estrutura federativa. Essas dificuldades nasceram congênitamente com o Estado Federal e desafiaram a sutileza dos fundadores dêsse tipo de organização política. Hamilton dedicou nada menos de 7 de seus artigos reunidos no "Federalista" a êsse problema, no propósito de vencer antipatias à solução americana de 1787, quando tinha sob os olhos uma economia simples de tipo agrário, governada tranqüilamente por pequena elite, onde mal se esboçava a riqueza móvel, que, nascida do comércio e da indústria, iria esmagar o predomínio rural.

E naquelas páginas, onde, ainda hoje, há o que aproveitar, já se mostra que, numa federação, se começa por sacrificar a simplicidade, criando necessàriamente a pluralidade de aparelhos arrecadadores sôbre o mesmo campo geográfico e populacional como condição básica de perenidade do sistema político, experimentado, do ponto de vista financeiro, no período anterior, confederativo, quando as partes deviam e não queriam de boa vontade subvencionar o todo. Aliás bastariam as necessidades da política comercial internacional para justificar a competência tributária da União simultâneamente com a dos Estados.

No caso brasileiro, a república veio encontrar os três aparêlhos arrecadadores — o geral, o provincial, e o municipal em plena atividade simultânea, por uma lenta evolução, que trazia no seio os germes do federalismo.

Não era possível, pois, à Comissão, reabrir um debate travado há quase dois séculos, por mais sedutora e econômica que pareça, aos que se esquecem das razões profundas da tríplice e complexa competência fiscal, a singeleza do único aparêlho, que imporia os tributos e os repartiria entre a nação, estados-membros e entidades locais. Tal simplicidade só se poderia obter com a própria negação das instituições federais, como expressiva experiência histórica, que é ocioso recordar em seus pormenores, já o demonstrou. Nessa, como em outras matérias de índole eminentemente política, a realidade do que é condiciona as possibilidades do que deveria ou poderia ser.

2. Mas não é só a estrutura federal a complicar o problema: sôbre êle pesam as tradições, a história e os hábitos do povo (*). Em regra, o homem da rua, cujos interêsses e aspirações de forma um tanto reflexa inspiram a escolha de seus representantes, não se inteira bem das conseqüências econômicas ou políticas de cada impôsto. Não os distingue senão pelas velhas denominações, que vêm das gerações anteriores, ou pelo aparente processo administrativo de coleta. Daí a incoerência das reações psicológicas da massa

---

(*) Findlay Shirras — "Science of Finance", 1936, 1.º v. página 148, 150.

aos diversos tributos, vendo-se alguns proprietários, negociantes e industriais irritados quando há agravações de impostos de consumo ou prediais, que transferem inriàvelmente à clientela, ou pessoas de condição humilde que estremeceriam à notícia de que o impôsto de consumo e de vendas seria substituído por impôsto de renda, abrangendo salários com descontos na fonte. Dificilmente, um comerciário, ou um funcionário público, aceitaria a verdade de que, nos sêlos colados aos sapatos, às caixas de fósforos, às roupas, à lata de manteiga, ao pacote de café e aos frascos de remédios, ou diluídos na massa de suas compras, êle paga, proporcionalmente, muito mais do que pagaria por um impôsto direto sôbre os ordenados com exclusão de todos aquêles tributos sôbre as coisas mais essenciais à vida em padrão compatível com a dignidade humana.

São essas reações psicológicas sem fomento de razão esclarecida que explicam a sobrevivência secular do chavão segundo o qual o melhor impôsto seria o mais antigo. Dão-se as mãos, nisso, a incompreensão das classes menos cultas e a astúcia dos beneficiários do statu quo geralmente iníquo e opressivo. Daí o horror às inovações em matéria tributária, sempre recebidas com desconfiança. Se fôsse verdadeira, essa parêmia cansada, o impôsto de consumo não faria aparecimento como único meio de contribuirem o clero e a nobreza nos séculos XVII e XVIII, nem seria sobrepujado pelos impôstos sôbre a renda e sôbre a herança, nos séculos XIX e XX, para ser alcançada a burguezia enriquecida, quando transformou aquêle impôsto no meio prático de debitar a maior parte do custo das despesas essenciais da coletividade à massa proletária.

Tudo isso foi presente ao espírito da Comissão que se inclinou a introduzir, no projeto, diretrizes para uma reforma gradual, a ser realizada paralelamente por um trabalho de persuasão e de compreensão a cargo dos partidos políticos, de preferência à mutação violenta e repentina, de difícil aceitação no momento.

3. Além disso, a ciência financeira está na infância, tateiando à busca do caminho. Costuma-se dizer, mesmo, que, em Finanças Públicas, só se pode reputar científico o que nela se contém de econômico. Tudo mais é direito, política, técnica financeira, ainda inçadas de empirismo.

Dest'arte, seria veleidade da Comissão se pretendesse descobrir e propor uma solução certa, perfeita, científica e rígida, para o problema da discriminação das rendas públicas. Nêsse particular, a perfeição cede lugar à perfectibilidade, à possibilidade, enfim, de deixar-se margem ao trabalho lento, contínuo e pertinaz de procurar os meios de aperfeiçoamento, através da experiência e da observação dos homens de Estado com a colaboração dos técnicos.

4. Seria, portanto, temerário, traçar linhas inflexíveis à reforma do sistema fiscal, na vã suposição de que as próximas legislaturas e, sobretudo, as gerações que se sucederem, na esperança de que a Constituição de 1946 venha a ter melhor sorte do que as anteriores e a perenidade que lhe auguramos, ou, pelo menos, lhe desejamos — enfim de que legislaturas ordinárias, no futuro, emprestem adesão estreita à fórmula intangível por acaso adotada. Buscou a Comissão, apenas, indicar os rumos gerais e refletir as tendências do momento, encorajando as que lhe pareceram mais justas e abrindo-lhes válvulas de expansão, que a lei ordinária e sobretudo a política acentuarão, segundo o matiz cambiante das representações parlamentares.

Assim procedendo, inspirou-se no conceito proclamado de que as Constituições devem revestir-se do aspécto de túnicas amplas, que se modelam pelas formas e relêvo do corpo social, e não camisas de fôrça com que se reduzem à impotência, sem os curar, os doentes agitados, até que as rasguem no desespero extremo.

Também, nêsse particular, a experiência é bem eloquente. Os "Fathers" americanos não reconheceriam os orçamentos de Franklin Roosevelt e o próprio Rui Barbosa, que sabia ver ao longe, encontraria surpresas nos orçamentos brasileiros dos nossos dias, a despeito da timidez dos próprios govêrnos de fato em face dos interêsses das classes poderosas.

Mais adiante será pormenorizado o critério da Comissão para conciliar a escolha daquêles rumos, com a flexibilidade que entendeu facultar às flutuações da política financeira na linha quebrada, em todo caso presumìvelmente orientada para a mesma direção social, segundo as tendências do nosso tempo. Porque — insistamos nisso —, as vindouras representações parlamentares assinalarão os altos e baixos dessa linha quebrada, segundo o entre-choque, as investidas e recuos dos interêsses e aspirações em conflito, mas não poderão fugir à unidade de orientação tendencial no sentido de um ideal de justiça econômica, que se revela por tôda a parte e aciona movimentos aparentemente antagônicos.

II

DIRETRIZES PARA UM SISTEMA TRIBUTÁRIO

5. O problema não é apenas o de fixar uma divisão de rendas entre a União, Estados e Municípios, ou seja uma partilha de recursos financeiros, mas o de montar um sistema tributário para todo o país, levando em consideração não só os requisitos mínimos de qualquer sistema fiscal, mas também a correlação das partes entre si e delas para com o todo.

Além disso, como já acentuou um dos maiores financistas inglêses da atualidade, **Josiah Stamp**, há necessidade de acomodar três interêsses ou pontos de vista, não dizemos antagônicos, mas nem sempre coincidentes: o ponto de vista do Estado, vale dizer dos poderes públicos, o do contribuinte e o da comunidade social (1).

Não basta que se dividam os impostos. E' indispensável pensar nos efeitos econômicos de cada um dêles entre si e de todos sôbre a economia, sôbre a política e sôbre a vida da população. Para demonstrá-lo não há necessidade de recordar as revoluções como as inglêsas e americanas do século XVIII, provocadas por fatos financeiros, se temos o exemplo da Inconfidência Mineira.

Assim, tanto quanto possível, a Subcomissão procurou imprimir à discriminação das receitas o sentido harmonioso e orgânico de um sistema, estatuindo princípios gerais aplicáveis à União, Estados e Municípios e ordenando a conexão das respectivas atribuições tributárias, enquanto se permite de sugerir à Subcomissão adequada que se atribua ao poder legislativo federal a competência para legislar sôbre o direito financeiro, ressalvado aos Estados a faculdade de expedir leis e regulamentos internos, segundo as peculiaridades locais, desde que não colidam com as normas básicas federais.

6. Dado que os impostos de um país não devem ser um amontoado de sangrias sucesivas sôbre as suas fôrças econômicas, sem quaisquer preocupações, senão as de que bastem à voracidade estatal, convém pôr em relêvo o mínimo de requisitos exigíveis de um razoável sistema tributário. Através de uma, algumas ou

---

(1) J. **Stamp**: — "The Fundamental Principles of Taxation in the Light of Modern Developments", Londres, 1936, pág. 26 o seg.

de tôdas as peças do aparêlho, é necessário que preencha, pelo menos, as seguintes condições:

a) **Produtividade,** — isto é, que forneça, permanentemente, abundantes receitas com o mínimo de despesas de arrecadação e fiscalização, mediante simples alterações de tarifas, qualidade que, em regra, oferecem os impostos pessoais e diretos.

b) **Elasticidade,** pela qual se dilate, acompanhando com a conjuntura, o maior incremento da riqueza, muito embora sofra contrações nos períodos de crises. Geralmente isso acontece com os impostos indiretos.

c) **Compatibilidade com a renda nacional,** para que a não absorva ao ponto de destruir a formação de capitais ou provocar o êxodo dos mesmos. E', antes, problema de moderação nas tabelas e tarifas, matéria, portanto, estranha à Constituição, que proibindo o confisco, evidentemente condena tôdas as consequências do velho conceito de Marshall:

"— the power to tax involves the power to destroy". Antes, com Holmes, o poder de tributar é inseparável do dever de manter, conservar e incentivar, salvo quando o impôsto fôr empregado com a finalidade extra-fiscal, visando proibir ou impedir determinadas tendências, atividades ou coisas: — alimentos impróprios (margarinas, p. ex.) bebidas alcoólicas, maltusianismo, etc.

d) **Fidelidade aos ideais de justiça da época** — Desde que a justiça é uma idéia-fôrça, antes mesmos dos quatro cânones de Smith sôbre a tributação, ela vem exercendo ação reformadora e profunda sôbre a concepção dos impostos. Em regra, não se contesta, hoje, que os impostos de herança, renda e lucros extraordinários são mais justos do que os impostos de consumo e outros indiretos. A efetivação prática dêsse princípio desdobra-se nos problemas de **proporcionalidade** e progressividade dos tributos, mínimo de existência, discriminações etc.

e) **Previsão dos efeitos econômicos** — Compreendendo não só os efeitos sôbre a concorrência internacional (exportação e importação), mas ainda os fenômenos de repercussão, amortização, transformação, evasão e outros, já que, instituido o impôsto, não é lícito ao legislador quedar indiferente à questão de saber que parte da população vai suportar efetivamente, o sacrifício, a fim de que a repartição das despesas públicas se faça dentro de capacidade de pagar de cada um.

f) **Flexibilidade às mutações do futuro** — Num regime democrático, sobretudo a alternação dos partidos enseja variações da política fiscal que se devem efetuar sem modificação essencial do sistema. Além disso, as flutuações da conjuntura econômica comandam certas reações da máquina fiscal. Um sistema rígido ataria as mãos do legislador, pois freqüentes emendas constitucionais são pràticamente irrealizáveis sem o fator tempo.

g) **Utilidade como instrumento de govêrno e de política** — No poder de tributar, está igualmente o de governar, regular, exercer o chamado poder de polícia. Os impostos são meios práticos de fomentar e também de dificultar e até impedir atos e atitudes contrários ao interêsse social, como o ausentismo, o latifúndio, o luxo, o celibato, etc.

h) **Previsão e solução de bitributações** — O fato é particularmente importante nos Estados Federais e sobe de vulto em relação a certos impostos como o de herança e o de renda, dado que uma pessoa pode falecer em lugar diverso do seu domicílio, deixando bens em outros locais para herdeiros residentes em pontos diversos dêstes, ou perceber rendas de fontes sujeitas a poder político diferente daquêle de seu domicílio. Mesmo nos Estados unitários o problema existe na órbita internacional e dêle se ocupou a Sociedade das Nações, cometendo-o ao estudo de sábios como Seligman, Stamp, Einaudi e Bruins.

i) **Distensibilidade** rápida nos tempos de guerra, o que, afinal, se contém naquele requisito da produtividade ou suficiência.

III

OS ANTECEDENTES FISCAIS DO BRASIL

7. O sistema tributário brasileiro encontra seus germes na organização econômica e financeira do período colonial, quando disputavam as magras sobras da produção incipiente a Corôa portuguêsa, a Igreja e as municipalidades, para não falar nas exações dos donatários de capitanias nos dois primeiros séculos.

A tributação era praticada sobretudo pelos Municípios, que, na verdade, suportavam o pêso dos poucos serviços públicos de interêsse das populações. Herdaram do Município português certas "sisas", palavra que àquele tempo designava impostos de consumo sôbre alguns alimentos, geralmente o azeite, o vinho, a carne — como descreve **Lúcio de Azevedo**, — e cedo tiveram de defender-se dos apetites do monarca sôbre essas fontes de receita. (2) Nas atas dos vereadores da Bahia, no século XVII, vemos o governador e a câmara às turras, porque os edis recalcitravam na criação de tributos dêsse gênero para manutenção da tropa lusitana aquartelada, como cautela depois da primeira invasão bátava.

---

(2) **Lúcio de Azevedo** — "Épocas de Portugal Econômico", 1.ª ed., pág. 50 e seg.

Mas a Metrópole se nutria sobretudo de certos direitos realengos (pau-brasil, engenho d'água para moenda de açúcar, minas, sal, moeda, depois a pesca da baleia etc.), aos quais foi adicionada a renda de alfândega, impostos de exportação e monopólios fiscais, (tabaco, pólvora etc. sobretudo, nos séculos XVII e XVIII) que, pràticamente, funcionavam como processos técnicos de cobraça de impôsto de consumo.

Não que se conhecessem impostos denominados de exportação: — pela impossibilidade evidente da existência de impôsto territorial àquele tempo num país de extensão mais ou menos desconhecida, foi muito mais conveniente atingir a terra através do produto exportável, vale dizer, nos dois primeiros séculos, o açúcar. **Antonil** sumaria o assunto e conhecemos, através dêle, a demonstração das parcelas fiscais no custo de venda dos produtos brasileiros colocados nos portos portuguêses.

Nêsse quadro, o privilégio realengo do ouro e dos diamantes localiza uma paisagem à parte, por sucessivas reformas e reações, de que se encontram vivas e coloridas pinturas na obra do citado **Lúcio de Azevedo** e na de **Roberto Simonsen**.

Mas, do ponto de vista tributário, a verdade é que o tesouro, fora dos direitos regalísticos, bebia largamente na produção, — tarifando os produtos coloniais exportáveis, — e no consumo, êste a saciar a coroa com o tabaco, o sal, o sabão, etc. e as municipalidades com alguns gêneros básicos da alimentação, àquele tempo, de uso disseminado, como o vinho, o azeite de oliva.

Só ao apagar das luzes do domínio português, há tímidos ensaios do impôsto de herança e legados e de indústrias e profissões.

Objetar-se-á com a existência duma vasta coleção de tributos, taxas, fintas, direitos novos e velhos, cujas pitorescas denominações se podem ver nos livros de **Castro Carreira, José Maurício Pereira e Barros, Ferreira Borges, Silva Maia** e outros financistas do passado. Mas diminutíssima importância tinham na vida financeira do Brasil.

A predominância daqueles dois campos tributários — a produção, através da exportação, e o consumo, através da importação (o Brasil do século XIX e até o comêço do século XX compra quase tudo à Europa, desde a manteiga e o queijo, até as camisas e calçados) exerce até hoje influência poderosa, de modo que os nossos homens públicos do Império e da República, com várias e honrosas exceções, não divisam outras fontes de receita.

Debalde **Rui Barbosa**, há mais de 50 anos, denunciou essa política fiscal d'antolhos, que enxergava apenas um sentido, deixando escapar aos lados várias manifestações de riqueza tributável:

"Não havemos de cingir-nos em matéria de impostos, aos instrumentos enferrujados, às fontes escassas de que se sustentavam as Províncias no antigo regime. Muitos ramos de matéria tributável estão por aí virgens; e êsse campo, sôbre o qual passava e repassava, sem utilizá-lo, é vasto, seguro e de consderável fecundidade." (3)

Note-se que o nosso maior estadista escrevia isso quando quase não havia indústria e era pequena a riqueza mobiliária do país, escassos os capitais, limitadas as rendas.

Em vão, desde o Império, vozes se ergueram contra o impôsto de exportação e em prol da tributação direta das terras e da renda. **Montezuma, Lafaiete, Tavares**

---

(3) Rui Barbosa — Disc. 16 de dezembro de 1890.

Bastos, Afonso Celso, Rui e tantos outros debalde lutaram contra o fisco obsoleto de seu tempo.

Quando o primeiro ensilhamento, nos albores da República, deixou falido o Tesouro, a reação enérgica de **Campos Sales** e de **Murtinho** dever-se-ia fazer por meio do impôsto de consumo que passou a atingir 14 espécie de artigos.

8. Já se tem escrito inúmeras vêzes que o Brasil vem sendo governado tradicionalmente por uma aristocracia rural. Dessa realidade, fadada a desaparecer, mais dia, menos dia, pelo incremento da riqueza mobiliária com a dominação paralela da indústria e do grande comércio, resultou essa resistência das classes prósperas a tôda forma de tributação que as colhesse em cheio.

O impôsto territorial abriu caminho difìcilmente nos vários Estados e, até hoje, não existe o impôsto cedular de renda sôbre os proventos da agricultura.

Também nunca houve Estado que ousasse tributar o agricultor ou o criador de gado por meio dos impostos de indústrias e profissões.

Destarte, no país essencialmente agrícola, a principal atividade econômica escapa, em regra, à contribuição para o funcionamento dos serviços públicos. O impôsto de transmissão **causa mortis** só recentemente assumiu, na generalidade dos Estados, caráter pessoal e forma progressiva, ainda assim moderada por via de regra.

9. De tudo isso resultou que, ampliando-se, ano a ano, o conceito das funções do Estado e, conseqüentemente, as exigências do Tesouro para realizá-las, o nosso país ofereceu o amargo espetáculo da França na segunda metade da século XIX, — da qual se disse que, pelo esgotamento das classes humildes por obra de im-

postos indiretos, exibia o mais expressivo documento do egoismo da classe dominante.

Realmente, se observarmos os quadros comparativos dos primeiros 50 anos da República vemos que, no primeiro quartel, preponderaram os impostos de importação e no segundo, após a guerra de 1914-1918, os de consumo. Só recentemnte, o impôsto sôbre a renda alcança lugar saliente nas rendas federais.

Os Estados, até a Constituição de 1934, insistiam ineptamente nos impostos de exportação, a despeito da violenta concorrência de outros países de economia colonial, e, a partir daquela Carta, majoraram até 400% o impôsto de vendas — pràticamente um impôsto geral sôbre o consumo — tornando-o raiz mestra da sua implantação financeira.

Assim, ainda em nossos dias, os impostos reais e indiretos constituem o pêso maior da pressão fiscal, onerando brutalmente as classes de menor capacidade econômica, o que vem permitindo às dotadas de maior riqueza a fuga à justa parte que lhes cabe na repartição dos encargos públicos.

A exposição dessas verdades incontestáveis, nesta hora de esperanças em melhores dias — sobretudo em dias mais dignos para todos — visa, apenas, demonstrar que o nosso regime fiscal ainda se afasta muito do ideal de justiça, que se alicerça na regra básica de que os indivíduos devem contribuir segundo a sua maior ou menor capacidade de pagar.

Além disso, ao caso se aplica o conceito da Côrte Suprema, dos Estados Unidos. — "uma página de história vale um volume de lógica." (4)

---

(4) New York Trust Co. vs. Eisner 256 — U. S. 345.

IV

O PROBLEMA DOS MUNICÍPIOS

10. Mas as máculas da nossa aparelhagem nacional não se limitam ao seu dissídio com os cânones da justiça social, dessangrando as classes menos favorecidas pela fortuna em proveito da elite farta e poderosa, com o que se daria razão por motivos fiscais, aqui, àquele pressuposto de que os ricos se tornam cada vez mais ricos e os pobres cada vez mais pobres.

Além dessa desigualdade digamos — vertical — no corte da pirâmide das classes, outra de conseqüências morais e sociais igualmente catastróficas se opera no sentido horizontal, geográfico e político, pela exaustão econômica e financeira de todo o território do país a benefício das capitais, especialmente Rio e São Paulo.

11. Nos primeiros anos da República, acreditavam estadistas eminentes que a União fôra mal aquinhoada na partilha dos tributos com os Estados, também beneficiados pela Constituição de 1891 com as terras devolutas. Entretanto o decurso do tempo veio provar que graças à competência concorrente as burras federais receberam a parte do leão enquanto os Municípios, que já arrecadavam rendas próprias desde a colônia, foram duramente tratados e espoliados.

Sem poderes para criar impostos novos, limitados ao pouco que lhes reservou a Constituição, sem auxílios dos Estados, os Municípios foram decaindo progressivamente até a situação de verdadeira penúria, que lhes impossibilita o desempenho das mais essenciais funções administrativas de peculiar interêsse das respectivas populações. Nada mais deprimente da capacidade política de nossos homens que o contraste entre o longo rol de funções e serviços públicos cometidos às prefeituras pelas Leis Orgânicas dos Municípios de cada Estado e a dieta financeira dentro da qual teriam os gestores municipais de realizar o milagre. Arrecadando quantias ridículas para as suas necessidades, claro que os govêrnos municipais quase nada puderam efetuar no sentido de satisfazê-las e daí se tirou a conclusão simplista da incapacidade dos homens do sertão e de fora das capitais para organização e provimento dos serviços públicos mais indispensáveis. Dêsse raciocínio primário ao franco intervencionismo na autonomia municipal foi só um passo, a pretexto do deficit crônico da maior parte das prefeituras.

Essa anomalia de esmagamento financeiro dos Municípios vem sendo percebida e denunciada há vários anos, antes mesmo da Constituição de 1934, em cujo âmbito diversas vozes autorizadas se levantaram contra o descalabro evidente oriundo dêsse fato. Hoje, há verdadeiro clamor nacional contra o abuso, sendo difícil arrolar todos os estadistas, estatísticos, financistas, pensadores e escritores que tomaram a defesa dos Municípios e dirigem apelos constantes à Assembléia Constituinte de 1946.

12. Referência especial, entretanto, deve ser feita ao Sr. Juarez Távora, que, em 1932, em "Sugestões sôbre a Revisão Tributária apresentada à Comissão de Estudos Financeiros", expunha o caso em tôda a sua escandalosa nudez.

Já reunida a Constituinte, uma grande autoridade em assuntos estatísticos, o Sr. Rafael Xavier, que reúne a probidade científica e a meticulosidade à sutileza na interpretação dos números, voltava ao assunto em quadros e considerações alarmantes:

"No esgotamento progressivo e inconsciente da capacidade financeira dos Municípios, vê "a mais saliente, senão a causa principal" do fracasso das nossas aspirações de engrandecimento político, econômico, e social do país, trancado o Brasil numa centralização absurda e estéril".

Merecem meditação as suas palavras:

"Os limites de recursos a perceber e mais a pena de pagar bem caro pelo direito de percebê-los, tornaram um mito a liberdade de autodeterminação e reduziram o Município brasileiro a um estado de penúria que o incapacita para promover os mais elementares serviços públicos e muito mais para realizar, com seus próprios meios, obra de fixação, amparo de sua gente e de sua riqueza.

"Assumiram, União e Estado, por uma inversão do sistema federativo, o contrôle e a execução de todos os encargos que, por definição e sua natureza, deveriam ser função dos govêrnos locais. Criaram um aparêlho burocrático centralizado para execução dos programas traçados e para tanto reduziram ao mínimo as possibilidades municipais de desenvolvimento. Começou a obra lenta de sucção, não só de recursos, como de valores humanos. A vida municipal, estagnada, não proporcionava meios suficientes à sua população. As Capitais cresciam para gaudio dos estadistas, cuja capacidade administrativa se aferia pela abertura de avenidas ou construções de prédios suntuosos, porém nas mesmas Capitais. E o orgulho nacional se enchia de entusiasmo pela obra de seus dirigentes, embora a fome e a morte rondassem nossas portas e desaparecessem, por falta de elementares recursos de higiene preventiva, trezentas mil crianças anualmente. Tanto insistimos nos êrros, que o problema já, agora, não é apenas do interior — o excesso de populações nas Capitais e o crescimento vertiginoso e desordenado destas estão a exigir, claramente, soluções que se não encontram de pronto.

A centralização de todos os recursos provenientes do trabalho do interior nas Capitais dos Estados e, como conseqüência, ainda mais na Capital do País, só poderia produzir os deploráveis resultados que se traduzem no desconfôrto que estamos sentindo e que tende a aumentar na mesma proporção em que se robustecem os fatores próprios da concentração". (6)

A expressão fria dos números comprova essa trágica realidade que espera da Constituinte de 1946 a terapêutica decisiva, pois, o mal se está agravando vertiginosamente. O Sr. Juarez Távora, em 1932, espantava-se porque os Municípios arrecadavam apenas 16% do total dispendido pelos brasileiros com tributos. Hoje, de cada cruzeiro de impostos pagos pelo povo brasileiro a União recebe 48 centavos, os Estados 37, o Distrito Federal 7 e os Municípios apenas 8! A ridicularia assegurada, em 1944, às municipalidades representa a metade do quase nada de 1932.

Quando um fato social atinge a essa gravidade e se apresenta com tendência à agravação cumpre dar-lhe remédio pronto sem quaisquer hesitações. O quadro estatístico abaixo é por si mesmo evidente.

Não há necessidade de insistir nas conseqüências funestas da concentração demográfica, econômica e financeira na Capital da República enquanto os Municípios do interior de todo o país sofrem o fenômeno inverso, tendo como principal causa a quase inexistência de serviços públicos, à mingua de receitas, que ali são coletadas sem nenhuma recuperação em desdesas públicas de interêsse local, com o que cada vez mais se empobrece o interior. O fato, pois, deve ser recebido como alarma, porque não traduz apenas um desajuste financeiro, mas sobretudo social.

---

(6) Conferência na instalação da Associação Brasileira dos Municípios — 15 de março de 1946.

RECEITAS PÚBLICAS
MILHÕES DE CRUZEIROS

Anos	Total	União	%	Distrito Federal	%	Estados	%	Municípios
1925-29	3.508	1.970	10	150	4	1.047	56	341
1930	3.276	1.678	12	196	6	1.016	51	386
1931	3.504	1.753	12	183	5	1.155	50	413
1932	3.472	1.751	11	183	6	1.142	50	396
1933	3.839	2.078	11	209	5	1.133	54	149
1934	4.455	2.520	10	247	5	1.251	57	437
1935	5.054	2.723	8	287	6	1.624	54	420
1936	5.835	3.127	10	287	5	1.814	54	607
1937	6.270	3.462	11	316	5	1.819	55	673
1938	6.870	3.880	10	428	6	1.860	57	702
1939	7.331	3.795	13	404	5	2.192	52	940
1940	7.691	4.036	12	423	6	2.295	52	937
1941	8.237	4.046	12	505	6	2.684	49	1.002
1942	9.045	4.377	12	655	7	2.591	48	1.063
1943	12.071	5.443	9	885	7	4.645	45	1.098
1944	15.410	7.366	8	1.016	7	5.766	48	1.261

Anos	%
1925-29	30
1930	31
1931	33
1932	33
1933	30
1934	28
1935	32
1936	31
1937	29
1938	27
1939	30
1940	30
1941	33
1942	33
1943	38
1944	37

14. Em contraste com essa exaustão de todo o país em proveito de dois focos demográficos descompensados e mais ou menos parasitários, vemos, no Estados Unidos, quadro inteiramente oposto, pela predominância das receitas e despesas municipais. De cada dolar que o povo americano pagou de impostos, em 1932, 52 cents. e meio couberam aos municípios, 18 cents e meio aos Estados e apenas 20 cents à União (7). Evidentemente, com as despesas astronômicas da última guerra, inclusive o plano do "lend and lease", as arrecadações federais se hipertrofiaram, lá, excedendo de muito as estaduais e locais, pelo motivo óbvio de que competem à União as medidas militares e de política internacional. (8)

Os quadros e diagramas que integram êste relatório dispensam maiores comentários sôbre êsse profundo contraste entre o Brasil e os Estados Unidos.

E' verdade que um observador de reputação mundial, comparando cifras das nações da comunidade britânica com as dos Estados Unidos, pondera que só nêste país as despesas locais excedem as nacionais. Todavia êle próprio noticia que a Austrália apresenta 34% para as províncias e 14% para as entidades locais; a Nova Zelândia 54% para o govêrno central e 46% para os órgãos locais, e, além disso, essa maior arrecadação nacional é compensada pelos subsídios normalmente concedidos pelo poder nacional às províncias à base da população ou sob outros critérios. (9)

---

(7) Cifras segundo **King**, "Public Finance".

(8) Vide quadros da arrecadação dos municípios californianos, até 1945, em comparação com as receitas do Estado da California e Govêrno Federal. ("Tax Digest", de Los Angeles, out. 1945, pág. 341 e seg).

(9) **Findlay Shibras:** obr. cit. pg. 162: "In the self-governing Dominions it is customary for the Central Government to subsidise the provinces, as, for exemple, in Australia, South Africa, and Canada. In Canada, each Provincial Government receives a fixed grant according to population, and an addtional gant, etc. etc.

Note-se que nos Estados Unidos se, depois de **Franklin Roosevelt**, melhoraram as percentagens das receitas federais também cresceram "tremendamente" os "grants-in-aid", ou sejam os auxílios financeiros da União aos Estados e dêstes aos Municípios, registrando-se também subsídios diretos da União às entidades locais (10).

Entretanto, se quase todos os homens esclarecidos da vida pública brasileira concordam em que não deve perdurar êsse drama de pauperização e exploração das populações produtoras do interior, através da espoliação dos Municípios, não há acôrdo de opiniões quanto à escolha dos meios para a correção daquela terrível erronia das Constituições anteriores.

Muitos se inclinam para a fórmula simplificadora de um só aparêlho arrecadador que dividiria o produto líquido das receitas, beneficiando mais generosamente os Municípios. (11) Tal sistema tem a sedução da economia e da própria simplicidade a par de garantir sempre, sem receio de freqüentes bitributações, a mesma cota proporcional à União, Estados e Municípios, já se praticando, no Brasil, regime semelhante com o impôsto único sôbre combustíveis. (12)

Mas contra êle talvez se levantam os conhecidos argumentos opostos à utopia de que União, Estados e Municípios sejam condôminos de bom convívio, o que não está abonado pelos precedentes. E se levanta ainda a experiência da Confederação Norte-Americana, cujo malôgro conduziu à pluralidade e discriminação das receitas e dos aparêlhos arrecadadores.

---

(10) Schultz: "American Public Finance", 1942, pág. 760 a 763.
(11) Nêsse sentido: **Juarez Távora**, "Sugestões" cit., **Barros Carvalho**: "Os Municípios e a Constit.", artigo em "O Jornal", 21-3-46; e outros.
(12) Ver Leis Constitucionais n.º 3, arts. 34, "d", n.º 4, artigo único.

Nem os próprios Estados unitários realizam integralmente o sistema da arrecadação única. -

Muito embora um grande mestre já houvesse aconselhado êsse processo de arrecadação a outro país federal sul-americano, vimos no Império, que as províncias invadiam o campo nacional e, na República, que os Estados exigiram subsídios aos pobres Municípios. Pior ainda se um arrecadar para todos, caso em que será pràticamente difícil uma sanção para a impontualidade.

Outros pretendem resolver o assunto através duma reprodução daquele milagre evangélico da multiplicação dos pães nesse ano da graça de 1946: — acreditam que basta deslocar um impôsto estadual e logo se estabelecerá o desejado equilíbrio entre as partes e o todo, sem que se perturbem os orçamentos da entidade desfalcada.

As preferências quanto aos impostos a serem transferidos aos Municípios também variam. Alguns propendem para o de indústrias e profissões, eliminada a participação do Estado. (13) Outros propõem a deslocação das cédulas de impôsto de renda sôbre propriedades rurais, que, já a Constituição de 1934 reservava aos Municípios, ao lado da totalidade do impôsto de indústrias e profissões e de uma taxa de turismo. (14) O impôsto territorial, em 1932, teve as simpatias do Sr. **Juarez Távora** (15)

Ora, tanto quanto o exprimem as estatísticas, a metade do impôsto de indústrias e profissões, ou o territorial, tomando isoladamente, não tem produtividade

---

(13) Parece ser o pensamento dominante em Minas, a julgar pelas opiniões expendidas pelos Srs. Benedito Valadares, Prof. Orlando Carvalho e outros. Defende-o também, calorosamente, para os Municípios, o Sr. Horácio Lafer.
(14) Sugestão dos Srs. Romão Júnior, Soares Filho e José Leomil.
(15) "Sugestões", cit.

bastante para que os Municípios arrecadem sensìvelmente mais do que os miseráveis 8% da parte da renda nacional aplicada ao custeio dos serviços públicos.

Há, pois, necessidade de pôr à disposição dos cofres municipais algo mais substancial e importante, tanto mais quanto a União e os Estados poderão ressarcir-se de quaisquer desequilíbrios momentâneos recorrendo à majoração das tabelas dos seus tributos de grande produtividade e também à sua atribuição constitucional para criar impostos de competência concorrente. Por maioria de votos, a subcomissão optou pela cessão aos Municípios do impôsto de indústrias e profissões em sua totalidade, cédula de rendimentos rurais e impôsto de herança de imóveis rurais.

16. E' oportuno deixar assinalado que, sem diminuir a gravidade dessa questão de miséria das finanças municipais, muitos exageram casos isolados em que o fenômeno é apenas aparente. Afirma-se por exemplo, que em certos Municípios do Estado do Rio, como Cabo Frio, São Gonçalo e outros, a União arrecada dezenas milhões de cruzeiros, enquanto a Prefeitura está reduzida a poucas centenas de milhares. Há, apenas, aparência, pois se trata de Municípios onde existem indústrias cujos produtos são sujeitos ao impôsto federal de consumo (sal, de Cabo Frio; fósforos, de São Gonçalo, etc.). As fábricas locais, são "contribuintes de direito", que, apenas, adiantam ao govêrno federal o impôsto de consumo, o qual, na realidade, mercê da repercussão, vai suportado pela massa de consumidores de outros Estados e Municípios. Êstes são os que carregam o sacrifício.

O impôsto de consumo sôbre os fósforos, por exemplo, excede muitas vêzes, o custo da produção e o lucro dos produtores e intermediários (só a estampilha colocada à caixa, que a retalho se vende por Cr$ 0,20, representa Cr$ 0,10,5), o que concorre para a falsa impressão já externada por muitos espíritos intrigados com o estridente contraste.

V

CONFRONTOS E CONTRASTES

Evidentemente, os sistemas fiscais dos diferentes países apresentarão sempre pontos de diferenciação, graças á evolução histórica diversa, peculiaridades da situação geográfica ou estrutura econômica e causas outras. Mas é sempre proveitoso o confronto, para que ressaltem os pontos frágeis de nossa aparelhagem, dado que certos fatos e conceitos são humanos e não apenas nacionais. Impôsto de consumo, hoje, sôbre coisas indispensáveis à vida das classes humildes constitui injustiça social tanto no Brasil quanto na Inglaterra ou na China. Vejamos um quadro comparativo dos sistemas fiscais de países unitários e federais, mais civilizados em 1930, pela discriminação percentual entre o todo e as partes:

Notar-se-á, desde logo, que, nos Estados federais — Estados Unidos, Canadá e Alemanha, existe equilíbrio entre as partes e o todo, êste só excedendo as arrecadações locais, no último país citado, ainda assim em 7% apenas, o que se explica pelo desequilíbrio financeiro do Reich depois de 1914-1918. Ora, o Brasil, apesar de sua organização política federativa, oferece a surpreendente estrutura financeira mais semelhante à dos países unitários, sendo bem vizinhas da Itália (6,3%) as suas cifras municipais (8% em 1944), com exageração das arrecadações nacionais (57% em 1934 e 1938).

Não só do ponto de vista da justiça social, mas também sob outros aspectos, é instrutiva a apreciação analítica do sistema tributário norte-americano, em

Tipo do impôsto	E. Unidos		Grã-Bretanha		Canadá		França		Alemanha		Itália	
	Federal	Estados e local	Nacional	Local	Nacional	Local	Nacional	Local	Nacional	Províncias e local	Nacional	Local
Dir. aduaneiros.	2,3 %	—	21,6 %	—	10,9 %	—	15,5 %	—	8,5 %	—	7,8 %	—
Vendas Gerais. . .	—	3,6 %	—	—	19,8 %	—	14 %	—	11,4 %	3,7 %	7,4 %	—
Consumo (excises)	11,4 %	10,7 %	16,7 %	—	6 %	7,6 %	16,5 %	5,2 %	13	3,7 %	19,5 %	3,9 %
Propriedade	—	31,6 %	—	18,2 %	—	3,4 %	—	14,6 %	2,3 %	15,5 %	3 %	0,9 %
Negócios	15,1 %	11 %	—	—	—	5,2 %	7,3 %	0,1 %	—	7 %	15,5 %	—
Renda	7,7 %	1,5 %	34,7 %	—	13,3 %	—	21,9 %	—	17,1 %	13,1 %	19 %	0,6 %
Herança	2,6 %	1 %	8,7 %	—	—	2,6 %	?	?	0,5 %	—	5,2 %	—
Outros	0,7 %	0,9 %	0,1 %	—	0,3	—	—	4,9 %	0,5 %	—	20,3 %	—
	39,8 %	60,2 %	81,8 %	18,2 %	50,3 %	49,7 %	75,2 %	24,8 %	57,1 %	42,9 %	93,7 %	6,30 %

1938-1939, antes da alteração naturalmente introduzida pela última guerra.

Como se sabe, a Constituição americana não traçou uma discriminação minuciosa de rendas, como a nossa de 1891. Estabeleceu, por motivos de política comercial, que os impostos aduaneiros seriam federais, proibiu os de exportação e atribuiu ao Congresso competência para decretar e arrecadar contribuições, direitos, impostos e sisas (excises), uniformemente no território, com o fim de pagar as dívidas, prover à defesa comum e ao bem-estar geral dos Estados Unidos. Vigorou, portanto, o princípio da competência concorrente, ainda que por certo artigo sôbre a tributação direta servisse de pretexto para a Côrte Suprema derrubar o primeiro impôsto sôbre a renda, pelo receio do socialismo, suscitando a Emenda XVI, que cortou quaisquer dúvidas sôbre a admissibilidade dêsse tributo. O sistema cresceu ao impulso das necessidades, sobretudo das crises e guerras, mas guarda certa fidelidade dos princípios básicos da tributação, sobretudo aos da justiça. Eis o quadro:

ESTADOS UNIDOS — 1938-1939

Percentagem da receita

Tipo do impôsto	Federal	Estd. e Mun.	Total
Direitos aduaneiros	5,8%	—	2,3%
Geral S/vendas	—	5,9%	11,2%
S/bebidas	10,7%	2,6%	5,8%
S/fumo	10,6%	0,7%	4,6%
S/outras vendas	3,5%	0,2%	1,5%
Total vendas	24,8%	9,4%	15,5%

S/gasolina	3,8%	9,7%	7,3%
S/licença de automóveis	—	4,6%	2,8%
Tot. S/rodovias (Highway)	3,8%	14,3%	10,1%
S/Propriedade	—	52,5%	31.6%
S/Renda S/"Corporations"	20,4%	1,7%	9,1%
S/Franquias "corporations"	2,3%	1,3%	1,7%
S/Utilidades	1,1%	2,5%	2,0%
S/Bancos e Seguros	—	1,3%	0,7%
Transferências de ações	0,7%	0,3%	0,5%
Diversas licenças	—	1,0%	0,6%
Outros negócios	—	0,5%	0,3%
Total s/negócios	24,5%	8,6%	14,9%
Previdência (payroll)	13,5%	9,6%	11,2%
Pessoal s/renda	19,4%	2,5%	9,2%
Herança e Doações	6,6%	1,6%	3,6%
Diversos	1,6%	1,5%	1,5%
	100	100	100

(Quadro da "Tax Research Foundation", **apud** SCHULTZ: "American Public Finance", ed. 1942, p. 338).

E' sensível, sobretudo depois de **F. Roosevelt**, a preponderância efetiva e sincera dos impostos diretos sôbre a classe mais próspera e o abrandamento da pressão fiscal sôbre a massa humana de fracos recursos econômicos.

Os impostos sôbre o consumo recaem sôbre bebidas e fumos, precipuamente, de sorte que as demais coisas necessárias à vida são levemente tributadas ou permanecem imunes. O grosso da imposição estadual e local incide sôbre a propriedade (na realidade, o "general property tax" é um impôsto medido pela propriedade, mas pago pela renda) e o da federal sôbre a renda e lucros comerciais. No quadro acima está incluído o "payroll" — impôsto sôbre as fôlhas de pagamento dos salários, para fins de previdência social, instituído pelo "Social Security Act", de 1935, e equivalente aos descontos para os nossos institutos de aposentadorias e pensões.

Vale ponderar, também, a circunstância de que o legislador americano não se pôde eximir da necessidade de recorrerem a União, Estados e Municípios aos mesmos campos de incidência.

Na arrecadação estadual brasileira, em 1942, vemos:

Vendas e consignações	43,54
Territórial rural	4,55
Transmissão "inter-vivos"	10,21
Exportação	5,96
Indútrias & Profissões	8,44
Sêlo	3,84
Bebidas alcoólicas	0,22
Tabaços	0,02
Transmissão "causa mortis"	2,68
Exploração agrícola e industrial	1,55
Outros	10,43
Receitas de taxas, etc.	8,66
	100,00

(Segundo os dados de "Finanças do Brasil". v. XIII, 1944, pg. 49 e 50, publ. pelo Conselho Técnico de Economia e Finanças).

Preponderam, pois, no fisco estadual do Brasil, as tributações mais injustas e anti-econômicas — a sôbre vendas e consignações, que pràticamente equivale a impôsto geral e indiscriminado sôbre o consumo, e a de transmissão "inter-vivos", que embaraça os negócios e a circulação de direitos sôbre imóveis.

Na arrecadação federal, temos o seguinte quadro, em 1942:

Impôsto sôbre o consumo	1.253:612$300
Impôsto sôbre a renda	988:335$366
Direitos aduaneiros	674:220$314
Sêlo	431:945$159
S/parte no imp. único s/combustíveis	8:711$428

Donde se conclui que o consumo, no Brasil, ainda suporta uma pressão fiscal tremenda e tanto mais condenável quanto incide sôbre tôdas as classes de artigos, na sua maior parte essenciais à vida das classes mais pobres, abrangendo o vestuário, alimentação, habitação e medicamentos de baixo preço e uso do proletariado. Torna-se, dest'arte, um impôsto regressivo, isto é, inversamente progressivo, retirando dos pequenos salários uma alíquota maior do que das grandes rendas. Seria preferível, talvez, baixar o nível de isenção do mínimo de vida admitido pelo impôsto sôbre renda, com descontos nas fontes e isentar paralelamente todos aquêles artigos de primeira necessidade dos indivíduos mal remunerados.

A Argentina, sem embargo de sua organização política federal, não exerceu influências na evolução financeira brasileira, a despeito de terem tido voga, nos círculos da geração de 1891, constitucionalistas e financistas platinos. A Constituição de Alberdi, de 1860, reservou à União os impostos de importação e exportação, êstes últimos condenados ao desaparecimento em 1866, e limitou-se a fixar princípios gerais de tributação, dentro os quais os de que os tributos diretos seriam nacionais por "tempo indeterminado" e das províncias sem quaisquer restrições, ficando os indiretos na competência concorrente dos govêrnos federal e provincial.

Na prática referências expressas de leis a impostos diretos e indiretos ocasionam controvérsias e inseguranças pois não há ainda critério uniforme para a distinção inclinando-se muitos autores para a fórmula de Foville (diretos os que recaem sôbre situações permanentes ou duráveis, como a existência da pessoa, a propriedade, a posse; indiretos os que atingem fatos tais como os atos jurídicos ou econômicos, vg, a compra, a troca, a quitação etc.) enquanto Jèze contesta não só o rigor científico mas a própria existência real de tal distinção. Bem avisados andaram, pois, os legisladores constituintes evitando cautelosamente aquela distinção consagrada na Carta argentina.

Por via da lei-convênio n.º 12.139, de 1934, unificou-se, por 20 anos, a arrecadação dos impostos de consumo (impuestos internos), com o propósito de evitar a superposição dos gravames nacionais e provinciais, nada cabendo aos Municípios. Participam as províncias dos impostos nacionais sôbre venda e renda, êste criado em 1933, sendo admitido à partilha apenas o Município de Buenos Aires, — capital. Tocam mais ou menos 82,5% para a nação e 17,50% para as províncias (Leis n.ºs 12.143 e 12.147). Entre as províncias e a Capital Federal, a distribuição dêsses tributos é complexa: **a)** 30% de acôrdo com a população verificada no último recenseamento; **b)** 30% de acôrdo as despesas orçamentárias de 1934; **c)** 30% de acôrdo com os recursos percebidos pela província cada ano anterior a 1934; **d)** 10% de acôrdo com arrecadação do impôsto de venda de cada província cada ano imediato anterior (êste item não é aplicável à capital). As províncias, segundo o critério de cada uma, partilham com os Municípios as patentes de automóveis, o impôsto sôbre imóveis e outras receitas.

Nesta exposição, o relator guiou-se por informações particulares do ilustre financista argentino, **Dr. Giuliani Fonrouge**, do Centro de Investigações de Direto Financeiro, de Buenos Aires, já que se acha antiquado o livro de **Lopes Varela** "El Regime Impositivo Argentino", de 1925, muito anterior às modificações assinaladas.

Ocorre na Argentina o mesmo fenômeno brasileiro de hipertrofia federal com as mesmas conseqüências e causas, com suas reações recíprocas, inclusive a desproporção demográfica entre a capital magnífica e o resto do país. Por outro lado, se os estudos financeiros alcançaram alto grau e honram a cultura daquêle país, em verdade as suas instituições fiscais não são modêlo digno de inspirar adoções e adaptações, subsistindo alguns dos motivos da crítica um tanto franca e severa feita por **Jèze** nas suas Conferências pronunciadas em Buenos Aires, há pouco mais de vinte anos, críticas, aliás, em grande parte aplicáveis ao Brasil ainda hoje (16).

VI

O PLANO DA SUBCOMISSÃO

Preliminarmente, a Subcomissão, impressionada com a circunstância de que se encontram normas financeiras, na Constituição de 1934, disseminadas do primeiro Título ao último, deliberou submeter à Co-

---

(16) G. **Jèze** — "Las Finanzas Pública de la Rep Argentina — Bs. As. 1923, especialmente págs. 77 a 96.

missão Constitucional o seu propósito de reunir essas normas numa seção só: "Da organização financeira", subordinada ao Título "Da Organização Federal" e dividí-la em três capítulos:

a) Da Discriminação das Rendas;
b) Da Elaboração dos Orçamentos;
c) Da Execução e Fiscalização dos Orçamentos.

Nêste último capítulo ficariam compreendidas as disposições sôbre Tribunais de Contas. Para coordenação com a seção adequada, também se inclinou a entregar à competência do Congresso Nacional a legislação financeira, especialmente a codificação fiscal, sem prejuízo, é óbvio, da competência estadual não só para expedir seus regulamentos internos senão também para legislar subsidiàriamente, provendo às peculiaridades locais e omissões da lei federal, dentro dos princípios gerais desta.

A crescente expansão das atividades do Estado moderno, exigindo-lhe maiores recursos monetários, incrementou o desenvolvimento das relações jurídicas entre o fisco e os contribuintes, complicou-as, tingiu-as de matizes próprios, ou princípios específicos, que conduzem à autonomia do direito financeiro com sentido orgânico e métodos próprios. Embora controvertida a tese desas autonomia, de que foi precursor Myrbach-Rheinfeld e há defensores ilustres como Trotabas, Pugliesi além de outros menos familiares aos nossos círculos jurídicos, esboça-se no mundo oficial a tendência para reconhecê-la, através de codificações financeiras importantes, como a alemã e a mexicana, além de vários projetos ou estudos atualmente.

Não se trata de mera discussão acadêmica, pois há diversas conseqüências de caráter prático nessa questão e já se observam os seus refléxos sôbre a jurisprudência dos tribunais brasileiros. Inúmeros são os julgados, por exemplo, em que se tem entendido que a prescrição do Código Civil, relativa às dívidas inferiores a Cr$ 100,00, não se aplica às obrigações fiscais. Verificada, pois, essa tendência à autonomia do direito financeiro, deve ser entregue a competência legislativa respectiva ao Congresso Nacional, a fim de que se obtenha a conveniente uniformidade na disciplina de relações jurídicas da mesma natureza. É só assim o sistema tributário terá probabilidades de funcionar dentro de um princípio de solidariedade, entre o todo e as partes.

Em suas linhas gerais, o plano adotado pela Subcomissão buscou inspirar-se no que acima já foi exposto, especialmente naquêles requisitos mínimos a qualquer sistema tributário. Entretanto, para melhor compreensão dos seus objetivos e do sentido que presidiu à elaboração de seus trabalhos, dar-se-á aqui sumaríssima justificação de cada dispositivo, em que se registrou qualquer inovação em confronto com as Constituições de 1934 e de 1937.

Art. A:

Nessa disposição, inteiramente nova em comparação com as Cartas políticas anteriores, ficou indicado que a discriminação das receitas, em todo o país, deve formar um sistema orgânico e harmonioso, de modo que cada govêrno tributante, ao criar impostos ou ao fixar as tabelas, tenha sob os olhos as reações sôbre os demais tributos. Ficou expresso que o tributo, além da sua função primacial de meio de obter dinheiro para a criação e manutenção dos serviços públicos (e portanto com exclusão de despesas que se não vinculam a tais serviços), inclusive assegurar a pontualidade no pagamento de obrigações oriundas de empréstimos — primeira condição para existência do crédito público —

RECEITA TRIBUTÁRIA
ARRECADAÇÃO DE 1944 (*)

	Cr$	%
União	5.631.423.129	54,9
Estados e D. Federal	3.775.337.103	36,8
Municípios	856.832.033	8,3
Total	10.263.592.265	100,0

(*) Dados provisórios.

RECEITA TRIBUTÁRIA ESTADUAL
ARRECADAÇÃO DE 1944

Unidades Federadas	Cr$
Amazonas	40.137.252
Pará	61.387.949
Maranhão	35.560.632
Piauí (*)	22.722.315
Ceará	54.064.651
Rio Grande do Norte	25.586.837
Paraíba	38.942.923
Pernambuco	141.020.886
Alagoas	29.343.793
Sergipe	35.841.368
Bahia	173.354.521
Minas Gerais	406.087.229
Espírito Santo	60.335.085
Rio de Janeiro	164.527.360
Distrito Federal	611.102.295
São Paulo	1.309.636.130
Paraná	119.748.829
Santa Catarina	73.512.711
Rio Grande do Sul	312.548.253
Mato Grosso	18.396.795
Goiás	41.479.289
Total	3.755.337.103

(*) Os dados do Piauí são de 1943.

RECEITA TRIBUTÁRIA MUNICIPAL

ARRECADAÇÃO DE 1944

Municípios por Unidades Federadas	Cr$
Território do Guaporé (*)	1.604.283
Território do Acre (*)	1.639.211
Amazonas (*)	8.597.107
Território do Rio Branco	748.000
Pará (*)	40.518.129
Território do Amapá (*)	768.824
Maranhão	7.920.398
Piauí	6.493.280
Ceará (*)	13.464.719
Rio Grande do Norte (*)	4.851.181
Paraíba	11.996.575
Pernambuco	46.528.035
Alagoas	10.164.834
Sergipe	8.654.138
Bahia (*)	46.462.504
Minas Gerais (*)	115.511.138
Espírito Santo (*)	9.602.040
São Paulo (*)	298.725.604
Rio de Janeiro (*)	56.413.450
Paraná	27.842.191
Território do Iguaçu	896.555
Santa Catarina	22.004.891
Rio Grande do Sul (*)	97.217.084
Território de Ponta Porã (*)	761.578
Mato Grosso (*)	6.273.986
Goiás (*)	11.172.298
Total	**856.832.033**

(*) Dados provisórios.

é, também, um instrumento extra-fiscal de govêrno e de política, no sentido severo da palavra — poder de polícia e de regulamentação, que deve ser exercido sempre sem quebra dos princípios da justiça social e equitativa repartição dos encargos públicos.

Nas boas fontes americanas, em regra, sempre se entendeu que o tributo pode ser usado como poder de polícia e de regulamentação, como se lê em **Cooley** e **Seligman** — a tal ponto que a Côrte Suprema reconheceu a constitucionalidade do impôsto forte da União sôbre bilhetes emitidos por um banco estadual, como meio eficiente de regular a circulação monetária, purgando-a de tais cédulas (17).

Por outro lado, não há democracia, na sua melhor concepção contemporânea, sem perfeita adesão aos princípios da justiça fiscal. Na mais capitalista das nações, o Professor **Ratner** escreveu documentado volume de mais de 500 páginas, provando que, através da História, a tributação agira, nos Estados Unidos, como fôrça social democratizadora. São suas essas palavras expressivas e oportunas no convulsivo mundo em que vivemos:

> "Mere aspiration by the common people for a fuller and richer life would be impotent without a national government endowed with powers to counteract the concentration of economic and politiical power in the hands of an oligarchy. The economic basis for the creantion and preservation of democracy is the distribution of wealth and income among the majority of the people in such a fashion that no

(17) Veazie Bank versus Fenno — 8 Wall. — 533.

elite can permanently dominate the community" (18).

E o próprio **Jèze**, insuspeito por haver combatido a noção de finanças com tendências comunistas de **Wagner**, reconheceu legítimas "as idéias de justiça social, todo poderosas nas democracias modernas" e que devem nortear quaisquer reformas, acrescentando que "na hora atual não é possível desconhecer os ideais de justiça democrática sem provocar distúrbios sociais graves".

Destarte, a cláusula relativa à conformidade com "os princípios de justiça social", há de ser entendida em tôda a sua plenitude e assim comandará a regra de que as exigências fiscais deverão ser medidas pela capacidade de pagar e quanto possa fazer o Estado, pelos meios tributários, para solução da questão social encontra perfeita justificativa no texto.

Numa Constituição latino-americana recentíssima, a do Equador, de 6 de março de 1945, está expresso: "El regimen de la vida econômica debe responder a princípios de justiça social y tender a liberar de la miseria a todos los equatorianos, proporcionandoles uma existência digna". Acreditou a subcomissão que o aparelho tributário pode ser usado eficazmente como instrumento de reforma social, dispensando o apêlo à violência, e às medidas outras drásticas.

E' óbvio que, referindo-se o artigo A, expressamente, à União, Estado, Município, Territórios e Distrito Federal, a sua disciplina como a das demais disposições da Seção, se impõe às futuras Constituições dos Estados: é "lei suprema da terra".

---

(18) **Sidney Ratner** — "American Taxation — Its History as a Social Force in Democracy" — N. Y. 1942, pág. 22.

Art. A § 1.º —

Á semelhança da Constituição de 1934, art. 17, VIII, firma-se expressamente o princípio da legalidade do impôsto e também o da renovação anual da autorização orçamentária para a sua cobrança, origem, aliás, das instituições democráticas modernas. Coíbe-se igualmente o máu vezo de alguns Estados criarem ou majorarem impostos no orçamento, que só é lei no sentido formal, não passando de **ato-condição** (19). Abre-se exceção para o caso de guerra, no curso do exercício, e ressalvam-se as autorizações que as tarifas aduaneiras contém, geralmente, ao Presidente da República para reduzir ou aumentar os direitos, dentro de certos limites, em determinados casos específicos e que demandam ação imediata (medidas antidumping, represálias, reação contra coligações de industriais beneficiados pelo protecionismo, etc.).

Art. A § 2.º —

Á contribuição de melhoria, a que se referiu o artigo 124 da Constituição de 1934, foi dado caráter compulsório. Não constituirá apenas faculdade que o poder público usará ou não, segundo suas conveniências fiscais, mas dever de caráter social, pois não é moral nem justo que um grupo de proprietários se locuplete indevidamente em detrimento da massa de contribuintes, que pagou a obra pública. Aplica-se, aqui, o princípio de Pompônio. Também o seu conceito recebeu maior precisão, tomando como limites do tributo os do dispêndio da administração pública e os da valorização ganha pelo contribuinte. A lei ordinária regulará por-

---

(19) **G. Jèze** — "Cours — Theorie generale du Budget", — 1922 — pág. 26.

menores, merecendo especial referência o ante-projeto **Bilac Pinto — Anhaia de Melo**, por iniciativa do Círculo dos Estados Municipais (20).

Art. A § 3.º —

Com ligeiras alterações, é o mesmo art. 10, VIII e parágrafo único da Constituição de 1934. Se o Estado vai arcar com as despesas da arrecadação é justo que lhe toque o maior quinhão. Mercê dêsse artigo e das simples alterações de tarifas, já que dispõe de receitas de larga produtividade, poderá refazer-se do desfalque resultante da transferência de tributos para os Municípios.

Art. A § 4.º —

E' a mesma disposição da Constituição de 1934, art. 11, adaptado também aos Municípios.

Art. A § 5.º —

Fica prevista e solucionada, por essa regra expressa, uma fonte de controvérsios e de litígios. Houve, desde o regime de 1891, e há, ainda hoje, inúmeras demandas, porque os Estados e Municípios se insurgiram contra leis federais que concederam isenções ou reduções de tributos da privativa competência estadual ou municipal (várias leis sôbre o Banco do Brasil; decretos-leis ns. 22.239, de 1932 e 581, de 1938 e outros sôbre cooperativas; artigo 68 Código de Minas, redação alterada pelo Decreto-lei n. 5.247, de 1941; Código de Trânsito, isto é, Decreto-lei n. 2.994, de 1941, relati-

---

(20) O texto desse ante-projeto pode ser lido no fasc. 1.º da Revista de Direito Municipal (Bahia).

vamente a carros movidos a álcool ou gasogênio; Decreto n. 771, de 1939, sôbre restaurantes operários; Decreto n. 20.914, de 1932, em favor das emprêsas de aeronáutica, etc. etc.). Em princípio não se pode dar aquilo, que se não possui. Mas, no caso, pode ponderar-se que certos fins foram atribuídos pela Constituição à União e, portanto, como sustentava **Hamilton,** há mais de século, existem "poderes implícitos", pois quando a Carta Política quer um fim, concede virtualmente todos os meios adequados.

Entre êstes os de natureza fiscal, ou, mais exatamente, a regulação pelos meios tributários. A cláusula "regular o comércio" que a Constituição Norte Americana atribui ao Congresso vem servindo para justificar inúmeras práticas e precedentes, inclusive de natureza tributária, consagrados por jurisprudência torrencial da Côrte Suprema. "O poder **para regular** é o poder para governar, isto é, o poder para restringir, proibir, fomentar, estimular" — escreve **Corwin** (21).

Mas, para que o uso legítimo não degenere em abuso, convém que se deixe expresso quando são permitidas tais intervenções federais no fisco dos Estados e Municípios: — apenas para proteger e preservar atividades que se identificam com os fins atribuídos pela Constituição ao govêrno federal ou por êle "regulados".

E' oportuno salientar que o Supremo Tribunal Federal, contra o voto apenas do Ministro Filadelfo Azevedo, reconheceu a constitucionalidade da isenção de impostos estaduais e municipais concedida por lei federal às emprêsas aeronáuticas (22). No mesmo sen-

---

(21) **Edward Corwin** "La Constitucion Norte-Americana y su actual significado" — Bs. As. 1942. pág. 40.
(22) Acord. de 24-1-45 no "Arquivo Judiciário", vol. 75, pág. 109. Pelos seus estabelecimentos. Note-se, aliás, que a União se permite reclamar direitos aduaneiros sôbre importações diretas dos Estados e Municípios, a ponto de ter legislado sôbre reduções, como se lhe fôsse lícita tal cobrança.

tido já se manifestara o Tribunal de Apelação de São Paulo.

Art. A § 6.º —

(Mesma regra da Constituição de 1937 art. 32 parágrafo único) — A União cobra taxas telegráficas e postais aos Estados, mas resiste a pagar os preços de água consumida.

Art. A § 7.º —

Tanto nos Estados Unidos quanto no Brasil se tem escrito, discutido e demandado acêrca da tributação e da imunidade dos títulos da dívida pública e dos vencimentos de funcionários, sobretudo se um govêrno pode tributar êsses meios de ação, "instrumentalidades" de outro govêrno. Depois de várias etapas, a jurisprudência do Supremo Tribunal Federal inclina-se pela afirmativa, tendo passado pelo rude golpe de ver anulado por decreto-lei o seu acórdão favorável aos magistrados da Bahia.

Na prática, a União cobra impôsto sôbre a renda dos juros de apólices estaduais e vencimentos dos funcionários estaduais e municipais, mas os Estados têm cerimônia de exigir impôsto sôbre os que herdam títulos federais.

A disposição acima estabelece o princípio do igual tratamento: cada govêrno pode tributar os vencimentos dos funcionários de outro govêrno ou as apólices que êste emitir, até o limite em que tributa os seus próprios títulos e a remuneração de seus funcionários. Nunca acima. Parece tão evidente a justiça do princípio que não há necessidade de invocar a doutrina sôbre o assunto.

Art. A § 8.º — alíneas I, II, III e V:

São disposições expressas das Constituições anteriores. Inovou-se, apenas, a alínea IV, pela qual os Estados poderão discriminar o impôsto de exportação, conforme o país de destino da mercadoria, mediante autorização do legislativo federal. Circunstâncias decorrentes da política comercial poderão recomendar essa medida, que, entretanto, exige consulta à União, como diretora daquela política, através de tratados de comércio, convenções aduaneiras, etc.

Art. B:

Há, apenas, duas inovações em confronto com as constituições anteriores. Como a União não decretou até hoje impôsto proporcional ou cedular sôbre rendimentos de imóveis rurais, transferiu-se a respectiva competência fiscal para os Municípios, sempre mais indicados para êsse tipo de imposição.

Atribuiu-se à União a competência para criar impôsto sôbre o capital das grandes emprêsas. Em verdade, é impôsto **medido pelo capital** e **pago pela renda**, que já existe nos Estados Unidos, desde 1933, sob a denominação de "capital stock tax". Antes, em 1916, já se ensaiara, tributação análoga sôbre as "corporations" de mais de U.S. $ 99.000. Na sua restauração de 1933, foi combinado com o "excess profit tax", de tempo de paz, com o propósito de coibir as fraudes. Se há exageração fictícia do capital, para evasão do impôsto sôbre a renda, o contribuinte sofre o impôsto sôbre o capital. Se disimula o capital, vai atingido pelo impôsto de lucros excessivos. Não se deve confundir êste com o impôsto extaordinário do mesmo nome em tempo de guerra.

Claro que, como todo impôsto novo, exige a técnica adequada. Aliás, no caso a sua previsão e atribuição ao fisco federal, decorre da conexão com o impôsto sôbre a renda, que, no parecer da maioria da Sub-comissão, compreende tôdas as modalidades de proventos, inclusive os lucros extraordinários ou excessivos.

Dada a natureza peculiar da energia elétrica, forçando a criação de figuras especiais no direito penal, fez-se menção expressa dela na alínea sôbre o impôsto de consumo de mercadorias.

Manteve-se o **statu quo** do impôsto único sôbre combustíveis (Emenda Constitucional n.º 4), ficando extensivo aos gases úteis o respectivo regime.

Art. C —

Da competência estadual foram retirados, por maioria de votos, em favor do Município, a metade do impôsto de indústrias e profissões e a transmissão mortis causa sôbre imóveis rurais. Pouco representam para as arrecadações estaduais estruturadas, em todo o país, no impôsto de vendas e consignações. Limitou-se o impôsto de exportações a 5%, coibido o abuso de mascará-lo de taxas de estatísticas.

Muito embora reconhecesse a Subcomissão a conveniência de extingui-lo, curvou-se à situação especial de certos Estados, onde o impôsto territorial ainda não assumiu, nem poderá assumir tão cedo, necessário desdobramento, para substituir aquêle tributo anacrônico e anti-econômico, que os Constituintes de 1891 já desejavam eliminar.

Não deve causar surpresa essa dificuldade em acabar-se o impôsto de exportação, pois a Argentina pretendeu fazê-lo a partir de 1866 e teve de restabelecê-lo várias vêzes até 1932. Ainda recentemente, em 1942, surgiu um projeto de restauração, como impôsto móvel. (23)

Quanto ao impôsto de vendas permitiu-se a discriminação segundo a espécie da mercadoria, de modo que os Estados possam manter e até majorar as elevadas tarifas atuais sôbre mercadorias indesejáveis (bebidas, cartas de jogar, fumo, etc.) e mitigar a de estabelecimentos que vendem exclusivamente artigos indispensáveis à alimentação, vestuários, etc.

Art. D e parágrafo único:

Foram melhorados os Municípios em três recursos — a totalidade do impôsto de indústria e profissão; o impôsto de herança sôbre imóveis rurais; e o impôsto proporcional sôbre o rendimento das atividades rurais.

No impôsto territorial urbano, ficou compreendido expressamente, por extensão, a tributação das valorizações aleatórias de imóveis, isso é, as mais valias eventuais adquiridas pela propriedade independentemente de obras no local, o que distingue êsse tributo em confronto com a contribuição de melhoria.

Ensaios sôbre êsse impôsto adequado aos países em progresso já foram feitos por Lloyd George na Inglaterra; pelo marechal Lyautey em Argélia e Marrocos; pelos alemães em Kiau Tchiu e outras localidades. (24)

Na discussão do ante-projeto constitucional de 1933, houve confusão dêses impôsto sôbre as mais-valias territoriais (o "unearned increment" dos inglêses; "impôt sur les plus values foncières" dos francêses) com a

---

(23) O. W. Alzaga — "El Impuesto Movil a la Exportacion, 1942, pág. 64.

(24) Sôbre a experiência marroquina e respectiva técnica, veja se Renè Pourqier — "L'Impôt sur las plus values immobilières au Maroc".

contribuição de melhoria, como o demonstrou **Bilac Pinto**, em sua obra sôbre êsse último tributo.

Na valorização aleatória não há obras públicas no local: o enriquecimento do proprietário, sem esfôrço próprio, decorre do desenvolvimento da população, da riqueza, dos serviços públicos da comunidade, etc. (25).

Prosperarão com isso, por certo, os Municípios sertanejos, cujo amparo ainda está assegurado pelo parágrafo único, que obriga o Estado a subsidiá-los, se, no território de cada um dêles, arrecadar mais do que a respectiva Prefeitura.

Art. E:

Em caso de guerra externa, a mobilização financeira deve ser rápida e, como o projeto prevê que os impostos não mencionados expressamente, serão partilhados com os Estados e Municípios, há necessidade de afastar essa regra em tal emergência.

Admitiu-se, em caráter excepcional e extraordinário, para guerra e o após-guerra, o impôsto defendido por **Jèze, Nitti** e outros, depois da hecatombe de 1914-1918, sôbre os capitais, podendo-se uma parte dêles quando muitos não regateiam a própria vida. E' o "prelevement sur le capital", isto é, a conscrição das fortunas, pois o custo das guerras modernas não poderá ser pago apenas com parte da renda nacional.

E' justo que as classes mais prósperas — as que menos sofrem com a guerra e quase sempre enriquecem com ela — paguem uma parte do sacrifício da nação na hora extrema. Êsse impôsto é aplicado uma só vez, ainda que possa ser dividido em prestações. Vincula-se o dispositivo à necessidade de custear a guerra mais

---

(25) O conhecido livro de **Nitti** esclarece o assunto (Science des Finances, vol. II, pág. 52 e seg.)

com impostos do que com empréstimos, cujo vulto jamais poderá ser amortizado.

Art. F:

São disposições da Constituição de 1934, de conveniência e moralidade evidentes.

Orçamento:

Algumas regras básicas devem ser nacionais, aplicáveis também aos Estados e Municípios, inclusive a fiscalização obrigatória da execução orçamentária pelos Tribunais de Contas, como delegações do Legislativo. Aliás tudo quanto se contém no projeto já figura nas Constituições que os vários Estados adotaram em 1935.

* * *

A circunstância de ter sido esta comissão composta de quatro membros tornou freqüente o empate das opiniões tendo-se assim deliberado, nêstes casos, adotar o critério de incluir no projeto os incisos de acôrdo com a redação dos seus autores, reservando-se cada membro, inclusive o relator, para expôr o seu pensamento pessoal na discussão que se travar perante a Comissão. Nem so poderia imaginar plena harmonia de vista e de diretrizes em tôda a extensão de um trabalho coletivo sôbre tão complexo assunto.

A subcomissão cumpre o dever de consignar aqui a sua gratidão a quantos lhe facilitaram o trabalho pela colaboração, fornecimento de dados estatísticos, sugestão ou crítica. Particular referência deve ser feita à dedicada assistência dos funcionários do Conselho de Estudos Econômicos e Financeiros, do Ministério da Fazenda, Srs. Afonso Almiro e Gerson Silva.

Os quadro estatísticos e diagramas completam e integram êste relatório.

A subcomissão se reserva para, em sessão conjunta com as demais sub-comissões, ou através de emendas, apresentar as normas das Disposições Transitórias sôbre a matéria financeira, assim como sôbre as finanças dos Territórios.

Palácio Tiradentes, abril de 1946.

Assinados:

A. de Souza Costa, Presidente, com restrições.
Aliomar Baleeiro, Relator.
Deodoro Medonça.
Benedito Valadares, com restrições, nos têrmos do substitutivo que oferece e pede seja encaminhado à Comissão.

TÍTULO PRIMEIRO

Da Organização Federal

SEÇÃO PRIMEIRA

Da Organização da União, Estados e Municípios

SEÇÃO SEGUNDA

Da Organização Financeira

CAPÍTULO I

Da Discriminação das Rendas Públicas

Art. A. — O sistema tributário proverá ao custeio dos serviços públicos da União, Estados, Municípios, Distrito Federal e Territórios, assegurará a pontualidade das obrigações oriundas do crédito público e atenderá também aos objetivos extra-fiscais da lei, repartindo os encargos dentro dos princípios da justiça social.

§ 1.º — Nenhum tributo será exigido nem majorado, sem prévia lei, que o institua e, ressalvada a tarifa aduaneira ou o caso de guerra, autorização orçamentária, para a sua cobrança em cada exercício.

§ 2.º — Cobrar-se-á contribuição de melhoria sempre que se verificar a valorização do imóvel em virtude de obras públicas, não podendo o govêrno, que as fêz, exigí-la em limites superiores à despesa realizada, nem ao acréscimo do valor dela decorrente, para a propriedade beneficiada.

§ 3.º — Além dos que lhes forem atribuídos nesta Constituição, a União e os Estados poderão criar outros impostos, os quais serão arrecadados pelos Estados, cabendo a êstes 40%, e o resto, em partes iguais, à União e ao Município, em rateios trimestrais.

§ 4.º — E' vedada a bi-tributação, como tal entendida a de govêrnos diferentes sôbre a mesma pessoa ou coisa em razão do mesmo fato, prevalecendo o impôsto decretado pela União quando a competência fôr concorrente. Sem prejuízo do recurso judicial que couber, incumbe ao Senado Federal, **ex-officio** ou a requerimento de qualquer contribuinte, declarar a existência da bi-tributação e determinar qual dos dois tributos deve prevalecer, sem prejuízo do disposto no parágrafo anterior.

§ 5.º — A lei federal só poderá conceder isenções ou reduções de tributos reservados à arrecadação dos Estados e Municípios se tiver objetivo de proteger ou preservar atividades ou coisas, que constituam fins atribuídos, por esta Constituição, à competência da União.

§ 6.º — Os serviços públicos concedidos não gozam de isenção tributária, salvo a que lhes fôr outorgada, no interêsse comum, por lei especial.

§ 7.º — Nenhum tributo atingirá por qualquer forma obrigações da dívida pública ou proventos de autoridades, funcionários e agentes, inclusive magistrados, da União, Estados e Municípios, em limites superiores aos que o poder tributante fixar para as suas próprias obrigações e para os proventos de suas autoridades, funcionários e agentes.

§ 8.º —- E' vedado, ainda, qualquer que seja a forma ou denominação:

I) à União, Estados e Municípios tributar bens, rendas e serviços uns dos outros;

II) à União, Estados e Municípios aplicar tributos sôbre efeitos produzidos por atos jurídicos perfeitos e acabados;

III) aos Estados e Municípios estabelecer diferença tributária em razão da procedência, entre bens de qualquer natureza;

IV) aos Estados estabelecer discriminação quanto ao destino das mercadorias, relativamente ao impôsto de exportação, salvo autorização expressa do poder legislativo federal;

V) à União decretar impostos que não sejam uniformes em todo o território nacional.

Art. B. —- Compete, privativamente, à União:

I) Decretar impostos

a) sôbre a importação de mercadorias de procedência estrangeira;

b) de consumo de mercadorias e também de energia elétrica;

c) de renda e proventos de qualquer natureza, excetuados os rendimentos oriundos de atividades rurais, reservados à tributação cedular proporcional dos municípios;

d) sôbre o capital de sociedades anônimas e emprêsas cujos lucros atinjam a mais de Cr$ 500.000,00 anuais;

e) atos, contratos e instrumentos regulados por lei federal, exceto a compra e venda, ou aquêles em que fôrem partes, diretamente ou por intermédio de suas autarquias, os Estados ou os Municípios;

f) transferência de fundos para o exterior;

g) sôbre produção, comércio, distribuição e consumo, inclusive a importação e a exportação de carvão mineral nacional e dos combustíveis e lubrificantes líquidos ou gasosos de qualquer natureza ou origem.

h) nos territórios, os impostos previstos no art. C.

II) Cobrar:

a) contribuição de melhoria;

b) taxas pelos seus serviços especiais e divisíveis;

c) preços pelas produtos dos estabelecimentos federais.

Parágrafo Único. O tributo sôbre combustíveis e lubrificantes líquidos ou gasosos terá a forma de impôsto único, incindindo sôbre cada espécie de produtos. Da sua arrecadação caberá aos Estados e Municípios uma quota-parte proporcional ao consumo dos respectivos territórios.

Art. C. — Compete, privativamente, aos Estados:

I) decretar impostos sôbre:

a) vendas e consignações efetuadas por quaisquer comerciantes e produtores, isenta a primeira operação do pequeno produtor, como tal definido em lei;

b) exportação das mercadorias de sua produção até o máximo de 5% ad valorem, vedados quaisquer adicionais, ou, se excederem de 1/2%, taxas de qualquer natureza;

c) transmissão de propriedade imobiliária "inter-vivos", inclusive a sua incorporação ao capital das sociedades;

d) transmissão de propriedade "causa-mortis" exceto a de imóveis rurais reservada aos Municípios;

e) atos e negócios de sua economia ou regulados por lei estadual.

II) Cobrar:

a) contribuição de melhoria;

b) taxas pelos serviços especiais e divisíveis;

c) preços pelos produtos de seus estabelecimentos.

§ 1.º — O impôsto de venda será uniforme, sem distinção de procedência ou destino.

§ 2.º — O impôsto sôbre transmissão de bens corpóreos, cabe ao Estado em cujo território se acham situados, ressalvado o disposto no art. D, inciso f, e o de transmissão causa mortis de bens incorpóreos, inclusive títulos e créditos, ao Estado onde se tiver aberto a sucessão. Quando esta se haja aberto no exterior, será devido o impôsto ao Estado em cujo território os valores da herança forem liquidados, ou transferidos aos herdeiros.

§ 3.º — Nenhuma quota, sob qualquer denominação ou forma, poderá ser exigida pelo Estado aos Municípios.

Art. D. — Além daqueles de que participam, ex-vi do artigo B, parágrafo único ou os que lhe fôrem transferidos, no todo ou em parte, pelo Estado, pertencem privativamente aos Municípios:

a) o impôsto de licenças;

b) o impôsto predial e o territorial urbano, inclusive sôbre a valorização aleatória de imóveis;

c) o impôsto sôbre diversões públicas;

d) o impôsto cedular sôbre a renda de imóveis rurais;

e) o impôsto de indústrias e profissões;

f) o impôsto de transmissão "causa-mortis" sôbre imóveis rurais situados no seu território;

g) contribuição de melhoria, em virtude de obras municipais;

h) taxas pelos seus serviços especiais e divisíveis;

i) preços pelos produtos de seus estabelecimentos.

Parágrafo único — O Estado subsidiará o Município até a concorrência da metade do que a arrecadação estadual, no respectivo território, exceder a dos tributos e rendas municipais.

Art. E. — Em caso de guerra externa, e até um ano depois de celebrar a paz, a União ainda poderá decretar:

a) impôsto progressivo e geral sôbre o patrimônio, até 30% do justo valor dêste;

b) impôsto de vendas concorrentemente com os Estados;

c) outros impostos de caráter extraordinário sem dependência do disposto do art. A, § 3.º.

Parágrafo único. Os impostos decretados na forma dêste artigo serão supressos mediante reduções gradativas dentro em 5 anos depois de feita a paz.

Art. F. — O produto das multas não poderá s atribuído, no todo ou em parte, aos funcionários, que as impuzerem ou confirmarem.

Parágrafo único. As multas de mora por falta de pagamento de tributos lançados não poderão exceder de 10% sôbre a importância em débito.

Art. G. — E' defeso aos Estados e Municípios contrair empréstimo externo sem autorização do Senado Federal.

CAPÍTULO II

Da Elaboração dos Orçamentos

Art. H. — O orçamento será uno, incorporando-se obrigatòriamente à receita todos os tributos, rendas e suprimentos dos fundos, e incluindo-se, discriminadamente, na despesa tôdas as dotações necessárias ao custeio dos serviços públicos.

§ 1.º — O Poder Executivo enviará ao Poder Legislativo, dentro do primeiro mês da sessão legislativa ordinária, a proposta de orçamento. O orçamento federal será enviado à Câmara dos Deputados.

§ 2.º — O orçamento da despesa dividir-se-á em duas partes, uma fixa e outra variável, não podendo a a primeira ser alterada senão em virtude de lei anterior. A parte variável obedecerá a rigorosa especialização.

§ 3.º — A lei de orçamento não conterá dispositivo estranho à receita prevista e à despesa fixada para os serviços anteriormente criados. Não se incluem nesta proibição:

a) autorização para a abertura de créditos suplementares e operações de crédito por antecipação de receita;

b) a aplicação de saldo, ou o modo de cobrir o "deficit".

§ 4.º — E' vedado ao Poder Legislativo conceder créditos ilimitados.

§ 5.º — Será prorrogado o orçamento vigente se até 30 de novembro, o vindouro não houver sido enviado ao Poder Executivo, para a sanção.

§ 6.º — Nenhum tributo será reservado especialmente para determinada despesa.

Art. I. — Nos seus orçamentos a União, Estados, Municípios, Distrito Federal e Territórios reservarão, no mínimo, créditos nunca inferiores:

a) a 20% de suas receitas para despesas com a educação;

b) a 15% de suas receitas para despesas com a viação.

§ 1.º — Os Estados e Municípios, assolados pela seca, empregarão, pelo menos 5% de suas receitas em obras e serviços de assistência adequada, segundo a lei que traçar o plano sistemático de defesa contra essa calamidade. À mesma aplicação ficará sujeito o orçamento federal em base idêntica.

Art. J. E' vedado: a) o estorno de verbas; b) abertura de créditos sem as denominações da lei; c) a abertura de créditos extraorçamentário, salvo extraordinário, antes de decorrido o primeiro semestre do exército; d) o recurso ao crédito público para despesas ordinárias de caráter permanente.

CAPÍTULO III

Da Execução e Fiscalizaçpão dos Orçamentos

Art. K. A execução do orçamento, assim como a administração financeira em geral, além da vigilância pelas autoridades responsáveis, será fiscalizada pelo Poder Legislativo, na União, nos Estados e nos Municípios, por intermédio dos Tribunais de Contas, cujos membros terão as mesmas condições de investidura e garantias dos ministros do Supremo Tribunal Federal e das Côrtes de Apelação, respectivamente.

§ 1.º — Os contratos que, por qualquer modo, interessarem imediatamente à receita ou à despesa, só se reputarão perfeitos e acabados quando registrados pelo Tribunal de Contas. A recusa do registro suspende a execução do contrato até o pronunciamento do Poder Legislativo.

§ 2.º — Será sujeito ao registro prévio do Tribunal de Contas qualquer ato de administração pública, de que resulte obrigação de pagamento pelo Tesouro Nacional, ou por conta dêste.

§ 3.º — Em todos os casos a recusa do registro, por falta de saldo no crédito ou por imputação a crédito impróprio, tem caráter proibitivo. Quando a recusa tiver outro fundamento, a despesa poderá efetuar-se, após despacho do Poder Executivo, o registro sob reserva do Tribunal de Contas é recurso **ex-offício** para a Câmara dos Deputados.

§ 4.º — A fiscalização financeira dos serviços autônomos também será feita pelos Tribunais de Contas.

§ 5.º — Nos Municípios, a execução do orçamento será fiscalizada, segundo as disposições dêste artigo, pelo Tribunal de Contas do Estado, que poderá especializar uma Câmara para êsse fim e comunicará os resultados de seus trabalhos não só às Câmaras de Vereadores, mas também aos poderes executivos e legislativo do Estado.

§ 6.º — O Tribunal de Contas dará parecer prévio, no prazo de trinta dias, sôbre as contas que o Poder Executivo deve anualmente prestar ao Poder Legislativo. Se estas não forem enviadas em tempo útil, comunicará o fato ao Poder Legislativo, para os fins de direito, apresentando-lhe, num ou noutro caso, minucioso relatório do exercício financeiro terminado.

Palácio Tiradentes, abril de 1946.

Assinados:
    A. de Souza Costa, Presidente, com restrições.
    Aliomar Baleeiro, Relator.
    Benedito Valadares, com restrições, nos têrmos do substitutivo.
    Deodoro Medonça.

COMISSÃO DA CONSTITUIÇÃO

SEGUNDA SUBCOMISSÃO — DISCRIMINAÇÃO DE RENDAS

Relatório geral sôbre as emendas oferecidas ao Título IV -- "Da organização financeira" (arts. 127 a 146). (*)

Método — O Nobre Presidente da Grande Comissão Constitucional anunciou a deliberação de que as Subcomissões deveriam apresentar: a) parecer sumaríssimo de cada emenda; b) quadro geral das emendas; c) redação dos respectivos Títulos já integrados com as emendas acaso aprovadas, total ou parcialmente.

A 2.ª Sub-Comissão acredita ter dado desempenho a essa determinação, exibindo o seu parecer sôbre as emendas, em forma sucinta. O quadro está contido nêste relatório, no curso do qual se discutem sumariamente as tendôêcias gerais, a orentação aceita pela Sub-Comissão após debater sôbre cada assunto, indicadas, sempre que possível, as emendas virtualmente aceitas ou prejudicadas. Em conclusão, nova redação é proposta para o Título IV, como integrante dêste relato.

(*) A numeração dos artigos se refere ao texto do projeto constitucional da Grande Comissão, publicado nos Anais da Constituinte de 1946, vol. X, pág. 223.
As emendas aqui aludidas foram as apresentadas a êsse projeto com exclusão das oferecidas aos anteprojetos das Sub-Comissões.

Redação — Várias emendas envolvem apenas a redação, ou a coordenação dos dispositivos, assunto que, evidentemente, em tempo oportuno, deverá ser objeto da cuidadosa atenção do Relator Geral e da Comissão de Redação Final. Tais emendas, em regra, não foram submetidas à deliberação, salvo quando envolviam dúvidas sôbre o fundo, ou alcance do dispositivo, casos em que foram apreciadas, para que se estabelecesse o exato pensamento inspirador dos dispositivos.

Art. 127 — disposição inicial:

A emenda n.º 1.057 visou restabelecer em parte, o ante-projeto, introduzindo a noção de justiça social, como princípio, que deve nortear tôda a organização financeira, o que atenderá a várias outras emendas, como as de ns. 113 (Alde Sampaio), 57 (Carlos Pinto) 2.968 (Alcedo Coutinho), 1.345 (Herophilo Azambuja); 1.055 Alencar Araripe), 2.880 (Adalberto Ribeiro); 2.885 (Dantas Jor.); 2.160 (Luís Viana). Em complemento, a Sub-Comissão inclinou-se a incluir mais um inciso susceptível de evitar o casuísmo, que resultaria dessas e outras emendas, no sentido de resguardar contra o fiscalismo injusto o pequeno produtor, a pequena propriedade, etc. Êsse dispositivo de ordem geral é redigido nos seguintes têrmos:

> "Sempre que possível, os tributos terão caráter pessoal e serão graduados pela capacidade econômica do contribuinte."

Princípio idêntico foi expresso, em outras palavras, pela Constituição Francêsa, de abril de 1946, art. 37: "La participation de chacun aux dépenses publiques doit être progressive et calculée en fonction de l'importance de la fortune et des revenus, compte tenu des charges familiales". A cláusula "terão caráter pessoal" envolve as deduções por encargos de família, o mínimo de existência, etc.

A emenda n.º 2.968 alvejou o mesmo fim com o emprêgo das expressões "impostos diretos" e "indiretos", que apesar de encontradiço em outras Constituições, como a americana (Seção IX, § 4.º) e a argentina, suscitaram diversidade de interpretação pela jurisprudência, ao tempo em que a doutrina as reputa destituídas de precisão científica (Jèze). Em regra, quase todos os impostos podem ser regulados de modo **pessoal**, segundo as condições e circunstâncias individuais de cada contribuinte (discriminações por idade, estado civil, encargos de família, presença ou ausência do país, existência de dívidas, etc.), o que imprime ao sistema tributário mais justiça e perfeição.

Se o Estado não é culpado das iniquidades da organização social contemporânea, cumpre-lhe evitá-las, quando e quanto possível e, sobretudo, não agravá-las por fiscalismo, que não consulta à capacidade econômica dos contribuintes tão diversos entre si, que se chegaria a tremendas injustiças se fôssem tratadas igualmente pelo fisco.

Art. 127, n.º I:

Accitando essas emendas (ressalvada a de n.º 584; projeto da Subcomissão, aprovado pela Comissão Constitucional, em duas disposições diversos — o n.º I do art. 127 e o § 37 do art. 159 do Projeto — ensejando obscuridade, que se traduziu em várias emendas com o propósito de restabelecer a unidade. São as emendas ns. 371 (J. Cleofas), 584 (N. Parijós), 1.092 (A. Baleeiro) e 2.886 (Jací Figueiredo).

Aceitando essas emendas (ressalvada a de n.º 584, N. Parijós, que não faz referência ao art. 159 n.º 37).

a Subcomissão restabeleceu o dispositivo tal como foi aprovado pela Grande Comissão.

A sub-comissão não se convenceu das vantagens da Em. n.º 3.777, que dispensa a autorização orçamentária para criação ou majoração do impôsto de exportação.

Art. 127, n.º II:

A subcomissão aceitou a emenda n.º 150 (R. Cincurá), que restabeleceu a cláusula das Constituições anteriores relativas à proíbição de preferência em favor de portos de uns contra outros Estados, e rejeitou a de n.º 266 (Nestor Duarte), que, sem justificação, pretende suprimir o dispositivo.

Art. 127, n.º III:

Conexo com o imediato, êsse dispositivo exige solução que coordene ambos, em face da diversidade de opiniões, refletidas nas emendas, umas extendendo aos Municípios a competência para criar novos impostos (n.º 370 — B. Condé; Alde Sampaio; 367 — Magalhães Pinto; 585 — N. Parijós), outras restringindo tal competência à União (2.848 — Alcedo Coutinho e ainda outros pela arrecadação federal em lugar da estadual (n.º 2.874 — Jací Figueiredo).

A subcomissão pronunciou-se pela manutenção do dispositivo, com redação que parece mais clara, ficando prejudicadas as emendas já indicadas e mais as de ns. 771, 1.295, 2.866 e 3.778, ressalvada, porém, para oportuna apreciação, a Em. n.º 2.867 (Clodomir Cardoso). Não parece justo excluir-se a participação da União nos novos impostos como propõe a Em. 1.910 (H. Lafer).

Art. 127, n.º IV:

O Anteprojeto, no art. A § 4.º conceituava a bitributação como " de govêrnos diferentes sôbre a mesma pessoa eu coisa, em razão do mesmo fato". Essas palavras foram supressas pela Grande Comissão, que assim restabeleceu quase integralmente o art. 11 da Constituição de 1934. Quaisquer que fôssem as inspirações dêste dispositivo, a crítica o recebeu com severidade e a interpretação lhe deu o sentido que mais claramente se lia no Anteprojeto da Subcomissão. Consulte-se, a propósito, o comentário áspero de Pontes de Miranda (Coment., V. I, págs. 339 a 342, especialmente as hipóteses aí aventadas). No Senado, criado pela Constituição de 1934, é bem conhecido o parecer do eminente Senador Clodomir Cardoso a respeito dêsse dispositivo, cuja inteligência pelos magistrados se pode vêr em vários julgados (Rev. Trib. de S. Paulo, v. 144, pág. 299; v. 140, pág. 127; Revista Forense, v. 95, pág. 139; v. 101, pág. 309). Quanto à competência do Poder Judiciário no caso, é também muito divulgada a opinião do Ministro Castro Nunes (Revista Forense, V. 91, pág. 5 ou Rev. Trib. V. 139, pág. 789). Essas indicações, colhidas na angústia de tempo de que dispomos, revelam quanto o problema vem sendo debatido em nosso País, onde, entretanto, a organização federal não impede a tendência a um critério que restringirá ao mínimo os inconvenientes da dupla tributação, objeto de estudos de grandes sábios e técnicos comissionados pela Sociedade das Nações.

A emenda n.º 2.857 (C. Marianni), propondo a adição das palavras "Em todos os casos", antes da cláusula "é vedada a bitributação", visa dar maior amplitude aos dispositivos, de modo a impedir que o govêrno competente reclame de dois ou mais modos impôsto que lhe é atribuído pela Constituição. E o que se percebe da justificação. Coloca-se, como se vê, em ponto de vista diametralmente oposto ao de Pontes de Miranda e Clodomir Cardoso. Isso exclui a clareza que no final de justificação, se afirma existir no art. 11 da Constituição de 1934 e na própria Emenda n.º 2.857.

Por outro lado, é perigoso, nesse assunto, invocar doutrina ou jurisprudência estrangeiras, notadamente americana ou argentina, porque as Constituições dêsses dois países, como a nossa de 1891, deixam larga margem à competência concorrente, além de que seus doutrinadores dão às palavras sentido específico bem diverso do que, pelo menos atualmente, impera nos meios jurídicos brasileiro. Basta consultar obra argentina, que trate do problema, como Bielsa, no "Estudios de Derecho Público", pág. 58, ou Giuliani Fonrouge, "Impuesto a la Transmission Gratuita", pág. 197 e seg.

Ora, a dupla tributação, seja por justa posição, seja por super-posição, é fato nem sempre evitável, nem sempre condenável, que o mesmo Govêrno não raro exercita para diferentes fins (Allix). Não há porque vedá-la sistemàticamente, como quer a Emenda número 2.857, tanto mais quanto vem sendo praticada, no Brasil, com o impôsto de consumo, renda e outros.

O que se deseja, por amarga recordação de precedentes condenados e condenáveis, é evitar a "bitributação" no sentido de que um Govêrno, ostensiva ou artificialmente, exija impôsto atribuído pela Constituição à competência tributária de outro Govêrno, como aconteceu no passado, quando os Estados insistiram em arrecadar impostos de importação, a exemplo do que sempre fizeram as províncias, a despeito da lei n. 99, de outubro 1835.

À luz dessa intenção, não se poderá defender o n.º IV do art. 127, tal como reproduz o art. 11 da Constituição de 1934.

A Subcomissão adotou novo texto no intúito de cortar dúvidas e evitar, tanto quando possível, as demandas alimentadas por aquêle artigo da Carta de 1934. Evitá-las de todo, não é pràticamente possível, pois o problema continua aberto para os demais países federais, cujos técnicos confessem semelhantes dificuldades com os fatais apelos às mesmas fontes e conseqüentes injustiças (Leia-se, por exemplo, o artigo de J. Sullivan — "Coordination of Federal, State and Local Taxes, no "Taxes-The Tax Magazine", nov., 1944, pág. 651 e seguintes).

Ora, se o Projeto discrimina as competências e prevê que, no campo concorrente, prevalece o impôsto federal sôbre o estadual, embora do Estado seja sempre a arrecadação para partilha entre êle, a União e o Município, teremos que, nos casos de exigência do mesmo impôsto por dois ou mais govêrnos, apenas um dêstes exercita um direito, pois os demais estarão executando leis inconstitucionais, ou dando aplicação inconstitucional às suas leis — o que vem a produzir o mesmo resultado. Logo, interessa corrigir a inconstitucionalidade da lei, ou de sua aplicação, sendo inteiramente supérfluo pensar e falar em bitributação na órbita interna do país. Ela existirá apenas no quadro internacional (impostos de renda, herança).

Ninguém pode freiar prèviamente a inventiva maliciosa dos govêrnos nêste país. Ninguém espere que a União decrete abertamente impôsto de herança, ou que o Estado exija o de consumo. Mas não é a de espantar que o façam sob disfarce de cobrarem impostos de sua própria competência.

Conhecemos decreto-lei de interventor, na Bahia, que batisou de "taxa para fins educativos" o impôsto de capitação, com a confessada intenção de iludir o decreto-lei federal, que extinguira êsse tributo anacrônico.

Em tais caso, o Judiciário está indicado para declarar a inconstitucionalidade e não o Senado. Êste deve apenas, ante a decisão passada em julgado, que fulmina a lei, suspender a eexcução desta, para que outros contribuintes não tenham de percorrer a mesma "via crucis" pelo Calvário forense. A redação agora proposta pela Subcomissão determina a remessa de cópia autêntica do acórdão, que declarar a inconstitucionalidade de lei ou regulamento de impôsto, seja feita ao Senado, para que êste, independentemente de provocação de contribuintes, suspenda as disposições contaminadas.

Como bem pondera a emenda n.º 50 (Ponce de Arruda), o dispositivo, como está, enseja conflito entre o Senado e o Poder Judiciário, quebrando-se o sistema da Constituição no dia em que o mesmo impôsto fôr declarado inconstitucional por um e constitucional pelo outro. Mas a solução não há de sair das funções jurisdicionais ao Senado: — êle deve apenas acatar a decisão judiciária e, em funções dela, suspender a lei, ou regulamento, siderado pelos juízes. E' aliás, o que já fêz o projeto no art. 33, que estava em choque com o art. 127, número IV. Êste parece até supérfluo, desde que a remessa da cópia do acórdão que declara inconstitucional a lei seja regra geral, para que o Senado exercite sua competência prevista no art. 33, quer em matéria fiscal, quer em outras.

Ficam prejudicadas, pois, as Emendas referidas e as de ns. 581, 583, 1.291, ressalvada a de redação número 1.293 (Aloísio Castro) se fôr rejeitado o ponto de vista aqui defendido.

Art. 127, n.º V:

São várias as emendas restritivas ao inciso n.º V, "c", de modo que, aceitas para coordenação, já que tendiam ao mesmo objetivo, estão consubstanciadas. A redação ora proposta e que limita a isenção aos templos, partidos políticos e instituições de educação ou assistência social que apliquem integralmente suas rendas aos respectivos fins no país. E' com maior ou menor amplitude o que pretendiam as emendas ns. 201 (Alde Sampaio), 267 (Plínio Barreto), 1.482 (B. Conde), 1.405 (Amando Fontes), 1.913 (C. Marianni), 2.850 (Jorge Amado), 3.964, 2.853 (C. Vergal), 2.879 (Guaraci Silveira), 2.852 (Euclides Figueiredo), 405 (Alberico Fraga) e outras, ficando prejudicadas as supressivas de ns. 1.914 (H. Lafer), 1.924 (Célso Machado), 1.931 (Sousa Costa) e outras, assim como as que ampliam o alcance do dispositivo, muitas das quais atendidas em parte pelo inciso acrescentado agora a êste art. 127 (tendência à tributação pessoal, noção de justiça social). E' o caso das emendas ns. 2.885 (Dantas Jr.), 1.489 (Vargas Neto), 1.055 (Alencar Araripe) e várias outras.

Quanto ao inciso "a" parece supréflua a emenda 1.667, (assim como parte da emenda n.º 1.918), pois está implícito que as autarquias seguem a mesma condições das pessoas de direito público de cujo flanco brotaram. Foram aceitas as emendas 2.875 (Jaci Figueiredo), 4.068 (G. Englert), "infine", e parte da emenda 1.918 (Honório Monteiro), para que a isenção recíproca da União, Estados e Municípios não abranja taxas. Mas não convence a emenda 1.918 quando exclui da isenção as autarquias, embora isso ocorra na França e na Itália.

A Subcomissão aceitou, em parte, ainda as emendas supressivas números 368 (U. Duarte), 3.780 (Jurandir Pires), 2.881 (Raul Barbosa), relativas ao inciso "b", por supérfluo em face da regra geral de irretroatividade, consagrada no art. 159 § 3.º.

Art. 127, n.º VI:

Não há emendas de fundo.

Art. 127, n.º VII:

As emendas ns. 2.863, 3.568 (G. Englert, ambas) foram aceitas, por maioria de votos, para que se deixasse expresso que o pedágio não se incluia na proibição dêsse inciso. Contra a aprovação dessas emendas se poderá objetar que a menção expressa é supérflua desde que, referindo-se o texto apenas a **impostos** (e não tributos), permitem-se, "a contrário senso", tôdas as taxas, inclusive o pedágio, que exidentemente é espécie do gênero taxas.

Entendem-se prejudicadas, portanto, as emendas ns. 2.851 (por superflua já que a Subcomissão resolveu deixar expresso também que o impôsto de exportação se refere a mercadorias destinadas ao estrangeiro); 2.850-A, (C. Marianni) e 2.869 (M. Mazagão), 2.882 (Jaci Figueiredo), por que a substituição da palavra "impôstos" por "tributos" impediria não só a cobrança de pedágios, mas também a de taxas outras perfeitamente justificáveis, como as de cáis, inspeção sanitária de gado, ou de outros produtos, desinfeção, uso de balanças, etc. Foi atendida em parte, a redação proposta pela emenda n.º 2.855 (B. Farah).

Art. 127, n.º VIII:

De referência a êsse inciso também se registraram os pontos de vista extremados, — emendas, como a de número 82 (F. Távora) desejando que o dispositivo entrasse imediatamente em vigor, sem a vigência parcelada e progressiva no prazo de dez anos (Disp. Transitórias, V), outras pela supressão (Emendas ns. 49, 582, 1.919, 1.930, 2.827, 2.864 e 3.782). Algumas emendas preferiram o temperamento do dispositivo, reduzindo o critério da partilha da diferença meio a meio (Emenda 369, Leite Neto; 1.058, Jales Machado; 1.296, Aloísio Castro e outras).

A Emenda 2.849 (Alcêdo Coutinho) excluiu as capitais e de n.º 2.872 (Eunápio Queiroz) visou a influência do impôsto de exportação, já que por um Município, — um pôrto, por exemplo — se pode escoar a produção de outros, como também — o fazem notar o Senador J. Vilasboas, citando Corumbá, ao justificar a emenda número 2.883, e o deputado C. Marianni na emenda n.º 2.858-B.

Se a disposição, como está, encontra obstáculos nas circunstâncias especiais de alguns municípios brasileiros — pouquíssimos aliás — a solução está em remover-se o impecilho e não em suprimir-se o dispositivo, prejudicando a grande maioria das municipalidades e perpertuando-se a espoliação municipal condenada pela quase unanimidade da Assembléia.

Nêsse sentido, a Subcomissão resolveu mitigar os efeitos do inciso VIII do art. 127 por três alterações.

a) A diferença será apurada apenas entre arrecadação de impôstos (e não tributos) do Estado e **tôdas** as rendas municipais (inclusive taxas, contribuição de melhoria e rendas patrimoniais);

b) excluir-se-ão as capitais, que representam quase metade do total das rendas municipais, e que, bem ou mal, não se acham no abandono e na penúria dos sertões;

c) não se computará entre os impôstos estaduais, para apuração da diferença, o de exportação, com o que se corrigirá o problema dos portos, por onde o Estado tributa a produção de Municípios internos.

Em conseqüência, o dispositivo funcionará sòmente naquêles casos em que, por circunstâncias especiais, o Estado estiver arrecadando excessivamente em comparação com o Município, ou seja enriquecendo outras localidades, sobretudo a capital, em detrimento dos munícipes contribuintes. E em todos êsses casos, o encargo, para o Estado, não será esmagador por divesas razões, que não foram bem apreciadas nas diversas justificações das Emendas supressivas:

a) desde que os Municípios vão receber 10 % do impôsto de renda, que é de grande e crescente produtividade, e ainda terão os impôstos transferidos pelo Projeto, claro que a diferença não só se reduzirá dentro em cinco (5) anos, senão que tenderá a anular-se na grande maioria dos casos;

b) a obrigatoriedade da contribuição de melhoria recuperará quase tôda a despesa municipal invertida em obras públicas, aumentando as rendas municipais e, conseqüentemente, reduzindo a diferença para com a estadual;

c) a abastança dos Municípios, trazendo necessàriamente a criação e o aperfeiçoamento de serviços públicos locais, provocará o nascimento de riqueza tributável, não só para as Prefeituras senão também para o Estado;

d) algumas atribuições atualmente exercidas pelos Estados, porém mais adequadas aos Municípios, passarão à competências dêstes, desde que disponham de recursos suficientes, o que importará em alívio aos cofres estaduais.

Além disso, os Estados contarão com dez anos, a partir de 1946, para o reajustamento de suas finanças e, nêsse prazo, não só poderão corrigir a evasão de certos tributos, como o de herança, mas até majorar êste, que ainda é suave em nosso país relativamente aos grandes quinhões. E terão ainda o recurso de criar impôstos novos, na competência concorrente, faculdade da qual estão excluídos Municipípios. E' preferível que se obrigue o Estado a dividir com os Municípios o excesso de suas arrecadações sôbre a Municipal, do que atribuir às Prefeituras a faculdade de instituir novos impôstos, como querem as Emendas ns. 107 (Alde Sampaio), 367 (Magalhães Pinto) e 585 (N. Parijós).

Em resumo, o dispositivo constitui a única sanção contra a displicência e a incúria do Estado para com o progresso e o bem-estar de sua população, cujo "peculiar interêsse" compete aos Municípios até hoje impotentes. Os Constituintes de 1891 e de 1934 tiveram a ingenuidade de esperar que os Estados transferissem alguns de seus recursos para os Municípios: — ao envez disso, êles exigiram cotas dos magros cofres municipais. Já não é lícito perseverar na velha iniquidade quando já nos sobram experiência e consciência do êrro.

Ficam prejudicadas, pois, as emendas supressivas já mencionadas e atendidas, em parte, as restritivas de ns. 369, 773, 1.296, 1.913, 2.849 e 2.872.

Art. 127, n.º XI:

A emenda 1.297, é inaceitável, pois redundaria em inverter o objetivo da disposição e, além disso, o Projeto no art. 138 e 140 determina obrigações aos Municípios mas não lhes dá procuradores para gastar. A emenda 1.916 é supérflua porque **exigência** é idéia incompatível com a de **convênio** ou acôrdo: se o Estado acordou, — não exigiu. A emenda 770 deve ser atendida pela Comissão de Redação. Conservou-se, pois, o dispositivo na sua forma primitiva.

Art. 127, n.º X:

E' viva a controvérsia sôbre êsse inciso. A subcomissão deliberou acrescentar ao inciso V, "a'', cláusula que permite a tributação dos serviços concedidos, mas a subordina à lei federal, sempre que o serviço em causa constitua matéria atribuída à competência da União por disposições constitucionais. (Emenda 1.925).

Temos, portanto, as seguintes conseqüências:

a) o govêrno concedente dará as isenções que quizer, relativamente aos impôsos que lhe competirem;

b) o Estado poderá, por sua Constituição, obrigar o Município a respeitar as isenções que êle pretender para as concessões estaduais;

c) nem o Estado, nem o Município podem obrigar a União a dar isenção dos impôstos de renda, aduaneiro, consumo e remessas paar o exterior a concessionários, nem há razão para que ela o dê, se o não julgar conveniente;

d) a União poderá obrigar Estado ou Município, a conceder isenção ou redução de impôstos não só para as concessões federais, mas ainda compelir o Estado a isentar concessionário municipal, desde que, no caso esteja em jôgo matéria que a Constituição atribuiu também à competência federal.

A lei federal assim poderá obrigar o Estado a isentar do impôsto territorial, p. ex. estradas de ferro e campo de aterrisagem (art. 3), ou o Município a abster-se de exigir impôsto predial sôbre estações· ferroviárias ou de cabo submarino, etc.

Recorde-se a opinião de C. Maximiliano sôbre o assunto ainda no regime de 1891 (Coment., 3.ª Edição, pág. 250).

Como está o dispositivo no Projeto, os Municípios poderiam aplicar impôsto predial sôbre as estações ferroviárias e territorial urbano sôbre aeroportos, p. ex., enquanto os Estados não trepidariam em exigir impôsto territorial sôbre o leito das linhas. Afirmam as concessionárias federais que isso já ocorreu até em S. Paulo. Tudo isso aniquilaria serviços públicos nacionais.

Por outro lado, não há porque isentar do impôsto de renda o lucro dos concesisonários e os vencimentos de seu pessoal, como já pretendeu a "Light". Essa orientação exclui as emendas ns. 1.292, 1.483, 2.882, 3.965, 3.859, 4.068, atendendo-se, em parte e sem ambiguidade, às emendas números 1.922, 2.861, 2.870 e outras.

Art. 127, XI:

A Sub-comissão aceitou oa emenda n.º 2.877 (G. Englert), isto é, conservou a multa de 10%, pela mora, no exercício em que o impôsto se vencer, correndo mais o juro legal a partir do exercício imediato. Não há porque se permitr ao Govêrno a usura, que, praticada por particulares, é punida com prisão.

Prejudicadas, pois, as emendas ns. 1.487, 1.917, e 1.926. A emenda n. 187 é matéria de regimento de custas. Aliás, no caso, o justo seria substituição das custas pelo regime geral de vencimentos, como pretende outra emenda.

Art. 127, XII:

Foi um dos incisos mais alvejados, registrando-se inúmeras emendas supressivas (ns. 856, 1.059, 772,

1.060, 1.486, 1.929, 2.882, 2.887, 3.860 e 3.966) além de outras que restringiram a participação (ns. 1.056, 2.862, 2.856).

Foi aprovada, em parte, a emenda n.º 2.871 (Gurgel Amaral), que permite apenas a participação dos autuantes, nos casos de fraude, proveitando-se também a exclusão de particulares denunciantes, pois afial, o sentimento de dignidade nada ganha com o fomento da delação.

Por essa solução, quando não houver dolo, a ação dos fiscais será antes de esclarecimento, advertência e assistência, sem a cobiça alegada pelos que se queixam de que a esperança das multas concorre para que os contribuintes sejam induzidos em êrro de bôa fé, ou não recebam orientação sôbre êle em tempo útil.

Art. 127, XIII:

Não há conveniência na Emenda n.º 2.873 (Trifino Correia), pois o crédito público externo não é bom ou mau em si mesmo. Depende do uso que dêle façam os govêrnos. O crédito público, nos casos tècnicamente indicados, como, por exemplo, para despêsas com investimentos cuja utilidade se prolonga até o gozo pela geração imediata, é preferível ao impôsto. Em certos casos, o crédito externo é preferível ao interno (Vêr **Jèze** — Technique du Crédit Public).

A emenda 3.784 (Jurandir Pires) foi aceita não pelo seu fundamento mas exatamente porque o Distrito Federal não tem autonomia e é organizado por lei federais, que poderão ou não autorizar tais empréstimos. Dar tal autorização ao Senado restringirá a ação do Congresso na organização do Distrito. Note-se que a inclusão do Distrito Federal, nêsse inciso, foi enxerto da redação, pois a Comissão aprovou o anteprojeto sem essa referência errônea.

* * *

A Subcomissão julga conveniente introduzir um dispositivo pelo qual impostos extraordinários, na iminência da guerra, ou no curso desta, fiquem excluídos do regime de partilha com os Estados e Municípios (artigo 127, IV). E' o novo inciso XV do artigo 127.

* * *

Art. 128 e inciso I:

Não há emendas de fundo, rejeitado como foi a de n.º 3.785, que transferia à União o impôsto de exportação.

Art. 128 n.º II:

A Subcomissão aprovou emendas n.ºs 468-469 (J. Botelho) e 3.786 (Jurandir) e 2.900 (Flores da Cunha), para que a energia elétrica fôsse submetida à tributação única do inciso III, de modo que ficou supressa, no inciso II, a menção respectiva, prejudicadas as Emendas 52 e 2.918.

Art. 128 n.º III:

O regime da tributação única foi modificado pela Subcomissão nos seguintes pontos:
 a) inclusão dos minerais do país (Em 1.061 — F. Távora e 2.912, Edgar Arruda) e da eletricidade (Em 468 e 469 J. Botelho; 3.786 Jurandir Pires);
 b) distribuição do produto do impôsto aos Estados e Municípios, segundo um critério misto a ser determinado por lei federal, que atenderá à área territorial, população, consumo e produção, assim como determinará a aplicação, tendo em vista as necessidades

do sistema de viação nacional. (Em ns. 1.062 e 1.063 e outras). Prejudicadas, portanto, as emendas números 2.902 e 2.921, que quebrariam o sistema da tributação única, experimentada em relação a combustíveis líquidos e carvão nacional, sem ter sofrido condenações.

Art. 128, n.º IV:

Não aprovou a Subcomissão qualquer emenda a êsse dispositivo, desde que reputou supérflua a de n.º 112, em face da nova redação, que deu ao artigo 127 e inciso II, e inconvenientes as de ns. 54, 2.902-A e 2.922.

Art. 128, n.º V:

Conservado, como está, no Projeto, prejudicadas, portanto, a Em. n. 55, porque o impôsto sôbre a produção ou se revestirá das características do impôsto de exportação ou das do impôsto de consumo; e a Em. 3.787, porque evidentemente seria desastroso tributar os captiais no momento em que penetrassem no país. Tais capitais criarão riqueza tributável através dos vários impôstos que recairão sôbre suas inversões, notadamente o de renda.

Art. 128, n.º VI:

Conservando o princípio, mas alterada a redação, porque a Subcomissão aceitou a Em. n.º 2.901 (Clodomir Cardoso), ficando prejudicadas as de ns. 114 e 2.916 e aceitas, em parte, as de ns. 2.901, 1.064, e 1.490. Vide o § 5, abaixo.

Art. 128, § 1.º:

A Subcomissão, por maioria de votos, manteve o dispositivo, que encontra símile no art. 29 e incisos da Constituição Suíça, 1874, ainda vigente.

Como se sabe, a lei regula o impôsto sôbre o consumo trás largas tabelas, discriminando as mercadorias alcançadas pelo gravame, que varia segundo as classes de prêços. Assim os sapatos até tanto pagam "x"; ou de tanto até tanto, pagam "y", etc.

Basta que a lei não inclua os artigos usados sòmente pela classe humilde do sertão, como os tamancos, assim como inicie a tributação pelas mercadorias que se elevam acima de certo prêço, para que se alcance o fim do dispositivo.

Ninguém tem dúvida de que xarque é alimento dos pobres, assim como zuarte, chitas e outros são os que vestem as classes mais modestas. Certos remédios, como o quinino, são específicos contra malária, que atinge os miseráveis habitantes da zonas pantanosas. Na Itália, êsse produto, há dezenas de anos, é monopólio do Estado, a fim de que o não adulterem, nem se elevem os prêços.

Quaisquer abusos ou evasões poderão ser corrigidos pelo legislador ordinário, pois essa isenção é condicionada à lei, que incidirá ou melhor, excluirá os artigos isentos. Por outro lado, impostos sôbre certas mercadorias de baixo prêço, cujo consumo não é geral, pecam pela improdutividade: — o seu rendimento não compensa a despesa e a complexidade da fiscalização indispensável. Ridículos vintens em tamancos, apenas agravam o prêço dêstes, porque os fabricantes sujeitos a livros, mapas, guias e riscos de multas, majoram o custo muito acima do tributo, enquanto o govêrno é obrigado a ter exércitos de fiscais para contrôle da arrecadação escassa. Mais vale majorar impostos sôbre jóias, perfumes, bebidas caras, baralhos, sedas, peles, brinquedos de luxo, artigo de pirotécnica etc., do que insistir na penosa, parca, injusta e anti-econômica tributação de coisas usados pelos que gaham menos do que o indispensável a uma vida de padrão compatível com a dignidade humana.

Ficam prejudicadas, pois, as emendas ns. 586, 1.299, 1.491, 1.492, 2.915, 2.917, 3.788 e 2.920, que eliminavam ou restringiam o princípio, assim como aquel'outras que o ampliavam injustamente (Em 2.904, 2.898, 2.897 e 2.893).

Art. 128, § 2.º:

Vêr o que já foi dito de referência ao inciso III do art. 128: a distribuição atenderá ao território, população, consumo e produção de cada Estado e Município, relativamente a cada elemento tributado, aceitas, assim, as Em. 1.062, 113, 587, 1.933, 2.894 e 2.905, ficando subtendido que a lei federal regulará as minúcias, inclusive a indicada aplicação ao sistema da viação. Prejudicadas, pois, as emendas ns. 3.789, 1.493 e 268.

Art. 128, § 3.º:

A Subcomissão, por maioria de votos, manteve o dispositivo como está prejudicadas as Em. ns. 269, (porque se não justifica a isenção geral de apólices e vencientos) e as de ns. 2.906 e 2.914, recomendadas à C. de Redação as Em. ns. 2.906, 2.913. Não melhora o texto "servidores" (Em. 2.919) em vez de "agentes", criada já pelo art. 15 do Código Civil. Esta última é mais larga, abrangendo chefes de estado e parlamentares, ao passo que a outra restringe a funcionários.

Art. 128, § 4.º:

Foram aprovadas as Emendas, aliás iguais, de ns. 1.932 e 2.908, assinadas por mais de 120 representantes dos vários partidos, no sentido de que o rateio dos 10 % do impôsto de renda se faça em partes iguais, por todos os Estados e Territórios, para que cada cota seja distribuída, também em partes iguais, pelos respectivos municípios, excluídas as capitais. Destarte, a união assegurará distribuição uniforme sem preferências, portanto, nem ressentimentos, de subsídios financeiros a todo o país, incrementando o progresso homogêneo dêste, com o que se corrigirá a alarmante hipertrofia de certos focos demográficos em detrimento do resto do território. E' uma vitória do espírito de solidariedade nacional,, correndo o Distrito Federal e os grandes Estados, como São Paulo, Minas, Bahia, Pernambuco e Rio Grande do Sul em auxílio de Piauí, Goiás, Mato Grosso, Amazonas e outros, assim como o Território do Acre, que ainda não atingiram certo grau de desenvolvimento econômico e financeiro.

Não é outro o modo de sentir das classes produtoras, segundo as seguintes palavras sensatas e patrióticas do Sr. João Daudt de Oliveira, em exposição à Comissão de Investigação Econômica e Social da Constituinte:

"O Brasil está dividido em diversas regiões geográficas e em número ainda maior de unidades políticas, onde são diferentes as particularidades mesológicas, a densidade e a composição da população. Sua história e a da desigualdade' na repartição dos recursos, das atenções do govêrno central e das preferências da iniciativa particular. A civilização litorânea e das regiões do sul é lenta em propagar-se naturalmente para as demais.

As Classes Produtoras aspiram a que tôdas as regiões se desenvolvam harmônicamente.

As regiões mais prósperas deverão sacrificar uma parte de seu progresso em bem das menos afortunadas. O meio de realizar êsse objetivo nacional é fazer trabalho de colonização em certas porções do território e levar recursos do Govêrno Federal para outras, cuja renda é insuficiente. Um plano bem estudado dêsse processa democrática de dar oportunidade a tôdas as regiões será recebido com os aplausos das Classes Produtoras".

Ficaram prejudicadas, pois, as Em. ns. 51, 53. 2.960-A, e, embora mereçam a maior simpatia, também as de ns. 270 (Leite Neto, elevação do rateio até 20%) 8.890 (Alcêdo Coutinho) e 2.910 (Antônio Felicianr), ambos para distribuição igual entre todos os Municípios, o que encontra obstáculo na possibilidade dos Estados subdividirem os Municípios com o objetivo de alcançar maior auxílio para seus habitantes.

Art. 128, § 5.º:

A emenda aprovada n.º 2.901 (Clodomir Cardoso) prejudica a de n. 1.064 (Suprimida).

Conservado como está, prejudicadas as Em. ns. 774, 2.924, 3.791, recomendada à redação a Em. n. 2.925 (Clodomir Cardoso).

Art. 130, n.º I:

Várias emendas propõem a transferência do impôsto territorial para os Municípios (ns. 152, Aldo Sampaio e 590 N. Parijós; 1.497, Brochado da Rocha; 2.935, Alcêdo Coutinho; 2.938, G. Englert; 2.946, A. Feliciano, e outros). Tècnicamente, como tributo de base estreita, convém mais aos poderes locais, segundo a opinião geral dos financistas.

A Subcomissão, entretanto, conservou o dispositivo, porque certos Estados, acertadamente, suprimiram já o impôsto de exportação, tributando a produção agrária através do impôsto territorial. Seriam êsses os mais duramente atingidos pela reforma pretendida por aquelas Emendas.

Reputam-se prejudicadas a Em. 1.494, que deixa o assunto ao Constituinte Estadual, e a n.º 2.928, por mais própria do legislador ordinário.

Art. 130, n.º II:

A Subcomissão manteve o dispositivo, reputando inconveniente a arercadação indepedente pelos Municípios, coforme debates da Grande Comissão sôbre o assunto. Prejudicadas, pois, as emendas ns. 2.943 e 271.

Art. 130, n.º III:

Não há emenda sôbre o fundo, recomendada à redação a de n.º 115 (Alde Sampaio).

Art. 130, n.º IV:

A Subcomissão reconheceu a procedência da Em. 592 (Benedito Valadares), que corrigiu a indevida exclusão dos agricultores e produtores em geral. Excluiu a isenção expressa dos pequenos produtores, porque o assunto está provido pelo novo inciso do artigo 127, II (tributação pessoal, medida pela capacidade econômica). Pela mesma razão, são supérfluas, embora dignas de simpatia, as Em. 57, 719, 1.496. Êsse impôsto, por sua natureza, tende a ser repercutido, de modo que nem sempre onerará o pequeno produtor. Convém pois, que à lei ordinária, inspirada no artigo 127, II (redação nova), seja deixada a solução das isenções e até a fixação do **quantum,** podendo discriminá-lo por **espécie,** o que não está proibido pelo parágrafo 5 e atende aos fins da justiça. Em. n. 2.936 (Jaci Figueiredo).

Art. 130, n.º V:

A Subcomissão aprovou, pela sua justificação, a Em. 116 (Aldo Sampaio) e rejeitou as emendas supressivas 273, 588, 1.302, 2.937, 2.945. Incluiu a cláusula "para o estrangeiro", embora tenha sabor pleonástico, já que houve abusos ainda temidos, a julgar pelas emendas, assim aprovadas, n.º 2.926 (C. Mariani) 2.933 (Duvivier) e 3.967. Prejudicadas as de n.ºs 2.942, 2.933, 1.496, que devem ficar para o legislador estadual.

Art. 130, n.º VI:

A Subcomissão manteve o dispositivo, prejudicada pois a Em. n. 2.951.

Art. 130, parágrafo 1.º:

Não houve emendas.

Art. 130, § 2.º:

A Subcomissão manteve o dispositivo, porque a cláusula se refere ao local do inventário, que, em regra, é o do domicílio do **de cujus,** ficando assim prejudicada a Em. 2.930 (Goes Monteiro).

Aliás, parece haver êrro de impressão na emenda, que não está suficientemente clara.

Art. 130, § 3.º:

Foi mantido o § 3.º, porque nada justifica a isenção de impôsto causa mortis, ou qualquer outro geral, sôbre apólices. Isso é dito por espíritos como Pitt, Ruy Barbosa, Jèze Nitti, para não falar senão de estrelas de primeira grandeza. Prejudicadas, pois, as Em. números 588 e 2.929. A de n.º 2.941 é de redação.

Art. 130, § 4.º:

Mantido o dispositivo, prejudicada, pois, as Em. 151, 118, 204, 272, 591 e 2.933, assim como a ampliação pretendida pela Em. n.º 2.931.

Art. 130, § 5.º:

Vide nota supra sôbre o art. 130, n. IV. O inciso II do artigo 127 (tributação pessoal medida pela capacidade econômica do contribuinte) atende ao justo fim da Em. n.º 1.067. A discriminação, por espécie, aliás defendida por Oto Gil, é possível e desejável, cabendo à lei ordinária determinar o processo técnico para êsse fim. Prejudicada, pois, a Em. 2.927, assim como os de ns. 2.939, 3.793. Quanto à competência do legislador federal (Em. 2.932) e à cobrança no local da compra (Em. 3.631), é preferível a competência geral da União, no art. 4, para regular o direito financeiro.

Art. 130, § 6.º:

Mantido o dispositivo, o que prejudica as Em. 2.940 e 2.948 e 3.793.

Art. 130, § 7.º:

Mantido o dispositivo, prejudicadas as Em. 58 e 3.793. A autorização federal corrige qualquer influência nociva sôbre a competência da União relativa à política comercial.

Art. 131 e incisos:

Mantido o projeto, ficam prejudicadas as Emendas modificativas, algumas já referidas acima, assim como as de ns. 593, 1.303, 565, 716, 275, 2.956, 2.953, 59, 594, 719, 1.499, 1.500, 2.949, 2.950, 960 e 3.794. Supérflua a de n.º 2.955 porque é manifesta a impossibilidade dos Municípios tributarem apólices. Deve ser aceita a Em. 1.069 (A. Araripe), embora, à primeira vista, também pareça supérflua. A Em. 1.068 também é supérflua, porque nenhuma profissão ou atividade é excetuada.

Merecem pronunciamento especial da Grande Comissão as emendas 1.500 (Baleeiro) e n.º 2.868 (Acurcio Torres) a respeito da tributação sôbre valorização aleatória e imóveis, já cobrada, aliás, pela União, de maneira não muito feliz. Silente a Constituição sôbre êsse tributo, que é inconfundível, ficará no campo da competência concorrente.

Sôbre os motivos que inspiraram a Subcomissão de referência ao artigo 131, reportamo-nos ao que foi dito e resolvido sôbre o artigo 130.

Substitutivos — Depois de amadurecido exame dos vários substitutivos de tôda a matéria tributária nos têrmos das Emendas dos Srs. Alde Sampaio (n.º 108), Jurandir Pires Ferreira e outros, assim como de várias sugestões oriundas da Prefeitura do Distrito Federal e de instituições de interêsse público, como a Associação

Comercial de São Paulo e outras, a Subcomissão resolveu manter as linhas gerais do Projeto, com as alterações já expostas, algumas das quais também esposadas por aquêles substitutivos e críticas.

Essa orientação necessàriamente prejudicou inúmeras emendas aditivas e substitutivas, de que não houve oportunidade, ainda, para menção. Nêsse sentido, julgou destituído de eficácia prática e supérflua, em face de rígida observância dos princípios orçamentários, o restabelecimento do art. 183, da Constituição de 1934. (Em. n.º 1.484). Também será embaraçoso ao emprêgo dos tributos para fim extra-fiscais, ou mesmo fiscais, em casos de guerra e crise, a restauração do art. 185 daquela Constituição (proibição da majoração de impostos além de 20%), como pretenderam algumas Emendas (ns. 125).

Supérfluas se apresentam várias Emendas (números 3.790, II e outras), desde que adotado no inciso n.º II do art. 127 o princípio da tendência à personalização e à graduação dos tributos segundo a capacidade econômica do contribuinte.

A conservação do impôsto de exportação, combatida pela Emenda n.º 273 e outras, justifica-se não só pela possibilidade do país ter o monopólio virtual de vários produtos, ou vir a tê-lo em certas circunstâncias (guerra, quéda da produção em países concorrentes etc.), mas também porque vários Estados ainda não aperfeiçoaram o impôsto territorial para substituí-lo, nem poderão fazê-lo enquanto preponderar o latifundio mais ou menos indiviso. Nem parece conveniente que a União cobre êsse impôsto, por motivos políticos, como a preservação da autonomia dos Estados, que, quasi sempre, têm produção típica (cacáu da Bahia; café, de São Paulo; borracha, da Amazônia, etc.). e, destarte pòderiam receber pressão federal, já que ēsse caráter predominante da economia de cada um dêles tiraria uniformidade ao tributo no país, não sendo viável a mesma base "ad valorem" para tôdas as mercadorias.

Igualmente não pareceu vantajosa a menção expressa ao impôsto de exploração agrícola e industrial (Emenda n.º 274 e outras), pois todos sabem que êsse tributo não passa de máscara do impôsto interestadual e intermunicipal de exportação e, às vêzes, aplicação do impôsto de consumo sôbre gêneros alimentícios da população local. Através dos impostos de exportação, vendas, territorial e de indústrias e profissões, Estados e Municípios poderão obter perfeitamente resultados idênticos sôbre a riqueza agrícola, pastoril e industrial sem complicar o sistema com mais um tributo, que difere apenas no nome.

A conservação do Projeto, na sua essência, também prejudicou várias transposições de impôstos, como a participação dos Municípios no de Vendas (Emenda número 1.066), ou a partilha do impôsto de consumo entre Estados e Municípios (Emendas 3.792).

A Emenda 2.909 (C. Mariani) contém excelente sugestão, que deve ser acolhida através do artigo 4, atribuindo-se à União competência para opinar sôbre direito financeiro, em geral.

* * *

A Subcomissão aprovou, por maioria de votos, a inclusão de mais um dispositivo, estabelecendo que impostos extraordinários criados para a guerra não sejam sujeitos à partilha com Estados e Municípios, pois, à falta dêsse dispositivo, isso ocorreria, **ex-vi** do artigo 127, III.

* * *

SEÇÃO III

Art. 133, n.º I, II e III:

A Subcomissão manteve, em ligeira alteração redacional, o dispositivo e incisos, porque a Emenda n.º 1.070 envolve matéria de legislação ordinária. Quanto à eliminação de referência e outras rendas (Inciso III ver Emenda 2.963), convém ponderar que os Govêrnos não as cobram como particulares: São "preços quase privados", "preços políticos", "preços públicos" (Einaudi; Seligman e outros).

A de n.º 2.965 não melhora o texto: na maioria das didas no art. 130.

A de n.º 2.965 não melhora o texto: na maioria das opiniões autorizadas, a "contribuição de melhoria" tem caráter específico, que a diferência das taxas. Nenhuma justificativa ocorre em prol da Emenda supressiva n.º 2.960, que nem ao menos está fundamentada. Não se concebe que o poder público fique com o arbítrio de recuperar, ou não, os enriquecimentos que comprovadamente proporciona a particulares, assim como não se admitem favores a proprietários, que dêles não precisam, sobretudo quando se opulentam no patrimônio: logo, não há porque aprovar as Emendas 2.966, 276, 470, 386 e 4.070. E' supérflua a de n.º 2.961 por evidente o princípio. Casuística a de n.º 119, além de incorrer na crítica feita às de ns. 2.966 e 3.861.

Não é certo o que se diz na justificação da Emenda n.º 470: nenhum país, ao que saibamos, limita a 10% "com pequena variante" a contribuição de melhoria — Veja-se que o dispositivo do projeto está rigorosamente de acôrdo com a orientação americana, segundo um dos autores mais reputados: **Buck,** "Municipal Finance", ed. 1937, pág. 400, p. ex.: "... the law requires the apportionment of assessments in proportion to benefits reather than costs, individual assessments are not permitted to exceed the benefits confered by the improvement, and the total costs, or in some cases, a specified percentage thereof" (pág. 400). Logo, só por exceção há limitações, que o dispositivo também não proibe, estabelecendo apenas o máximo exigível.

Veja-se, ainda J. C. Luqui — "Contribucion Especial de Mejoras en Argentina", 1944, pág. 68, 69 e outras.

No mesmo sentido Bilac Pinto — "Contrib. Melhoria", pág. 7: "... cujo montante não pode ultrapassar nem o custo da obra nem o valor do benefício". Êsse autor não defende determinada limitação: apenas refere que uma lei paulista adotou a de 15% sôbre o valor do prédio, **inclusive a valorização ganha**. Note-se, aliás, que a Prefeitura de São Paulo sempre se mostrou fiel ao bom princípio adotado pelo Projeto, pois no Ato n.º 1.238, de 24-3-1937, estabelecem o mesmo:

"Art. 23 — O total das contribuições lançadas deverá produzir soma nunca excedente ao custo da obra ou melhoramento público, embora seja êste inferior ao benefício, ou soma no máximo igual ao benefício, quando o custo lhe fôr **superior**".

A manutenção dos dispositivos prejudica as Emendas citadas e mais as de ns. 714, 1.501 e 3.796, reservada à redação a de n.º 776.

Da elaboração dos Orçamentos, etc.

Art. 134, e §§:

A Sub-Comissão manteve as linhas gerais do projeto, atendidas as emendas que evidentemente o melhoram, prejudicado, portanto, o substitutivo n.º 1.305 (Ary Viana), que, aliás, só difere, em substância, quando atribui expressamente a "um órgão", criado junto à Presidência da República" o preparo da proposta. Não há razões convincentes para que, no particular, deixemos a tradição brasileira, mais que secular, da responsabilidade do Ministério da Fazenda (que poderá cometer os serviços técnicos a qualquer órgão estabelecido por lei ordinária), para aceitar-se a reforma americana de 1934, que retirou do Tesouro e sujeitou diretamente ao Presidente o "Bureau of Budget", criado em 1921. Nada se alega contra a conveniência de preparar o Ministro da Fazenda, por órgão a êle submetido, o orçamento, que lhe cumpre executar. Note-se que o Ministro brasileiro, na Constituição de 1934 e no Projeto, tem responsabilidade política, que não repousa sôbre os ombros dos Secretários de Estado, do Presidente americano. Nada aconselha, pois, a hipertrofia do órgão sugerido pela Emenda 1.305, verdadeira ferramenta para que o Presidente escape ao contrôle do Poder Legislativo. Foi aceita a Emenda n. 60.

Art. 135:

Parece conveniente alterar-se para 30 de novembro o prazo do art. 135, como propuzeram as Emendas ns. 1.071 e 2.970.

Art. 136:

Mantido o dispositivo e prejudicada, portanto, a Emenda n.º 278 pois tudo aconselha a conservar-se a padronização dos orçamentos, o que resulta igualmente da necessidade de unidade das estatísticas, de interêsse nacional. Além disso, a convenção, prevista no dispositivo, resguarda a autonomia dos Estados.

Art. 137:

Mantido o dispositivo com alterações redacionais. A abertura de créditos extraordinários deverá ser autorizada pela Comissão Permanente, se esta fôr conservada no Projeto. Prejudicadas as Emendas 137, 471, 279, 1.005 e 2.968 e demais. Aliás merece atenção a Emenda 471 (Leite Neto).

Se fôr permitido, ou não proibido o critério de verbas, fraudar-se-á o contrôle legislativo sôbre os planos de govêrno — sentido político precípuo do Orçamento, segundo Jèze — pois o Executivo pedirá dotações para um fim e as obterá, ficando com arbítrio para aplicá-los em outro, que talvez não merecesse aprovação dos representantes do povo.

Secção II — Disposições Especiais

Arts. 138 e 139:

Mantido como está, pois se trata de aspecto político, verdadeiro plano, sôbre o qual só a Grande Comissão deve deliberar se comporta alterações, restrições e ampliações. Prejudicadas, pois, as Emendas: 120, 132, 133, 406, 473, 595, 1.305, 2.978; 2.079, 2.082, 2.084, 3.855, 1.187, 121, 857, 281, 1.309, 1.310, 1.505, 2.090, 2.985, 2.986, 3.619; 205, 858, 3.969, 2.981, 179, 513, 2.987 e tôdas as demais dos arts. 138, 139 e 140, para que a Grande Comissão delibere como entender.

Cap. III — Fiscalização Financeira

Art. 141:

Mantido o Projeto com as alterações abaixo indicadas ficando prejudicadas as Emendas 63, 373, 1.311, 2.992, 2.994, 3.768 e outras que proponham diferente orientação. Foi atendido o fim da Emenda 141 (Ponce Arruda), permitindo-se que os Estados possam substituir Tribunais de Contas por diretor de contabilidade pública nomeados com aprovação das Assembléias.

Art. 142 e §§:

Corrigida a redação, modificado o § 1.º para que as nomeações não ficassem restritas aos quadros de juízes, advogados e membros do Ministério Público, conservou-se o artigo com acréscimo de inciso que permita ao Tribunal organizar sua Secretaria e nomear os funcionários da mesma.

Art. 143:

Mantido o projeto,

Art. 144 e §§:

Permitiu-se a substituição dos Tribunais de Contas pelo Diretor da Contabilidade, nomeado com aprovação da Assembléia, a exemplo dos Estados Unidos, onde assim se faz sem inconvenientes notórios, a fiscalização financeira. Com isso, remediou-se a situação dos Estados que não podem arcar com as despesas de um órgão colegiado. Aos membros do Tribunal de Contas, ou ao Diretor de Contabilidade, se não existir êsse órgão, serão assegurados os direitos e garantias de que gozarem os desembargadores.

Art. 145:

Foi supresso por supérfluo, desde que a lei federal organiza o Distrito Federal sob todos os aspectos, no sistema do Projeto.

Art. 146:

Mantido com ligeira alteração redacional.

Art. 186:

A Subcomissão sugere que a matéria dêsse dispositivo seja agregada ao Título IV — Da Organização Financeira, Disposições Especiais.

A Subcomissão, em parecer à parte reserva-se para manifestar-se sôbre a matéria de outras Subcomissões e que envolvem, assuntos financeiros, notadamente as Disposições Transitórias.

Disposições Transitórias

Na impossibilidade de trazer à Grande Comissão exposição mais minuciosa, em face da angústia do tempo e do volume da matéria e examinar, os signatários não só se prontificam a quaisquer outros esclarecimentos sôbre as emendas, mas também se reservam ao direito de qualquer dêles, inclusive, o relator, poder defender oralmente os pontos de vista em que foram vencidos ou houve empate nos trabalhos aqui relatados.

Os quadros demonstrativos dos cálculos procedidos pelo Conselho Técnico da Economia e Finanças, para apreciação das alterações introduzidas pelo Projeto, nas vendas da União, Estados e Municípios, estão publicadas no **Diário da Assembléia**, edição de 18 de junho p.p.

> **Souza Costa,** Presidente.
> **Aliomar Baleeiro,** Relator.
> **Benedicto Valladares.**
> **Deodoro Mendonça.**

Nova redação, nos têrmos do Parecer e Relatório da 2.ª Subcomissão.

TITULO IV

Da organização financeira

Disposições gerais

Art. 127. A organização financeira federal, estadual e municipal assegurará o custeio dos serviços públicos, ou outros fins de interêsse coletivo, dentro dos princípios de justiça social, observadas as seguintes disposições:

I — Nenhum tributo será exigido, ou majorado, sem prévia lei, que o determine, e, ressalvada a tarifa aduaneira, ou o caso de guerra, autorização orçamentária para sua cobrança em cada exercício.

II — Sempre que possível, os tributos terão caráter pessoal e serão graduados pela capacidade econômica do contribuinte.

III — E' vedado à União criar tributos que não sejam uniformes em todo o território nacional, ou que importem distinção, ou preferência, em favor dos portos de uns contra os de outros Estados.

IV — A União e os Estados poderão criar outros tributos, além dos que lhes são atribuídos por esta Constituição, mas o impôsto federal excluirá o estadual idêntico. Em qualquer caso, os impostos criados na forma dêste dispositivo serão arrecadados pelos Estados, que da renda resultante, à proporção que a arrecadação se fizer, entregarão 20 % à União e 40 % aos Municípios.

V — Quando um Tribunal, por decisão passada em julgado, declarar inconstitucional qualquer impôsto, em face dêste artigo, ou de qualquer outro, será remetida cópia autêntica do acórdão ao Senado Federal, para suspensão das disposições legais, que o criaram.

VI — E' proibido tanto à União, quanto a qualquer Estado, Município, ou o Distrito Federal, aplicar impôstos, seja qual fôr a forma ou denominação, sôbre:

a) bens, rendas e serviços um de outro, sem prejuízo, da tributação dos serviços públicos concedidos, observado o disposto no inciso XI;

b) templos de qualquer culto, bens e serviços de partidos políticos, instituições de educação e de assistência social, desde que suas rendas sejam aplicadas integralmente, no país, aos respectivos fins, e, também, sôbre o papel destinado exclusivamente à impressão dos jornais e periódicos.

VII — Os Estados, o Distrito Federal e os Municípios não poderão estabelecer diferença tributária, em razão da procedência, entre bens de qualquer natureza.

VIII — E' vedado à União, aos Estados e ao Distrito Federal estabelecer limitações ao tráfego por meio de impostos inter-estaduais, ou inter-municipais, de trânsito, de viação ou de transporte, ressalvada a cobrança de pedágio ou taxas estritamente para amortização e conservação de obras ou serviços, que facilitem o uso de veículos.

IX — Os Estados darão anualmente a cada Município, exceto as capitais, metade do que a arrecadação estadual de impostos, excluído o de exportação, feita no respectivo território, exceder o total das rendas municipais de qualquer natureza.

X — Nenhuma quota, sob qualquer forma ou denominação, poderá o Estado exigir dos Municípios.

XI — A lei federal só poderá conceder isenções ou limitações de tributos reservados aos Estados e Municípios se tiver o objetivo de proteger ou preservar atividades ou coisas, que se vinculem aos fins atribuídos por esta Constituição à competência da União.

XII — A multa de móra, por falta de pagamento de tributos, não poderá exceder de 10 % sôbre a importância devida, quando paga no curso do exercício, cobrando-se mais o juro legal a partir do exercício imediato.

XIII — O produto das multas não poderá ser atribuído no todo ou em parte a qualquer pessoa, ressalvada, no caso de dolo, a percentagem que a lei conceder aos funcionários que houverem participado das diligências para descobrí-lo, ou comprová-lo.

XIV — E' defeso aos Estados e aos Municípios contrair empréstimo externo sem autorização do Senado Federal.

XV — Na iminência de guerra externa, ou declarada esta, é lícito à União criar impostos extraordinários, que se não partilharão na forma do inciso IV, dêste artigo, e deverão ser supressos gradualmente, dentro em cinco anos, contados da assinatura da paz.

SEÇÃO II

Dos impostos

Art. 128 — E' da competência privativa da União decretar impostos sôbre:

I) A importação de mercadorias de procedência estrangeira;

II) O consumo de mercadorias;

III) A produção, o comércio, a distribuição e o consumo, e bem assim a importação e a exportação de lubrificantes e de combustíveis líquidos ou gazosos, de qualquer origem ou natureza, estendendo-se êsse regime, no que fôr aplicável, aos minerais do país e à energia elétrica;

IV) A renda e proventos de qualquer natureza;

V) A transferência de fundos para o exterior;

VI) Os negócios de sua economia, os atos e instrumentos regulados por lei federal;

§ 1.º — São isentos do impôsto de consumo os artigos que a lei classificar como o mínimo indispensável à habitação, vestuário, alimentação e tratamento médico das pessoas de restrita capacidade econômica.

§ 2.º — A tributação de que trata o inciso III terá a fórma de impôsto único, incidindo sôbre cada espécie de produto. Da renda resultante caberá aos Estados, ao Distrito Federal e aos Municípios uma cota parte proporcional à superfície, à população e ao consumo, ou produção, nos têrmos fixados por lei federal.

§ 3.º — A União não poderá tributar as obrigações da dívida pública estadual, ou municipal, nem os proventos dos agentes dos Estados e dos Municípios, em limites superiores aos que fixar para as suas próprias obrigações e para os proventos dos seus próprios agentes.

§ 4.º — A União entregará, em partes iguais, aos Estados e Territórios, dez por cento da arrecadação do impôsto previsto no inciso IV, a fim de que a cota respectiva seja rateada, também em partes iguais, pelos seus Municípios, excluídos os das capitais.

§ 5.º — Não se compreendem nas disposições do inciso VI os atos jurídicos em que forem partes a União, os Estados ou os Municípios, nem os instrumentos a que forem reduzidos êsses atos, ou aqueles cuja tributação seja da competência privativa estabelecida nos artigos 130 e 131:

Art. 129. — E' ainda da competência privativa da União decretar, nos Territórios, os impostos previstos no artigo 130.

Art. 130. — E' da competência privativa dos Estados, sem prejuízo da participação estabelecida no § 2.º do artigo 128, decretar impostos sôbre:

I — Propriedade territorial, exceto a urbana;

II — Transmissão de propriedade causa mortis;

III — Transmissão de propriedade imobiliária "inter vivos", inclusive a sua incorporação ao capital das sociedades;

IV — Vendas e consignações efetuadas por quaisquer comerciantes e produtores.

V — Exportação de mercadorias de sua produção para o estrangeiro, até o máximo de 5% ad valorem, vedados quaisquer adicionais.

VI — Os atos regulados por lei estadual, os do serviço de sua justiça e os negócios da sua economia.

§ 1.º — Os impostos sôbre transmissão de bens corpóreos (II e III) cabem ao Estado em cujo território se achem situados.

§ 2.º — O impôsto sôbre transmissão causa mortis de bens incorpóreos, inclusive títulos e créditos, cabe ao Estado onde se tiver aberto a sucessão. Quando esta se haja aberto no exterior o impôsto será devido ao Estado em cujo território os valores da herança forem liquidados, ou transferidos aos herdeiros.

§ 3.º — Os Estados não poderão tributar títulos da dívida pública emitidos por outras pessoas jurídicas de direito público, em limites superiores aos estabelecidos para as suas próprias obrigações.

§ 4.º — Os Estados entregarão aos Municípios, à proporção que a arrecadação fôr sendo feita, cinqüenta por cento da renda resultante do impôsto sôbre transmissão de propriedade **causa mortis**, observado, no que fôr aplicável, o disposto nos §§ 1 e 2.

§ 5.º — O impôsto sôbre vendas e consignações será uniforme sem distinção de procedência ou destino.

§ 6.º — Em casos excepcionais, o Senado Federal poderá autorizar, por determinado tempo, o aumento do impôsto sôbre a importação até o máximo de dez por cento **ad valorem**.

§ 7.º — E' vedado aos Estados estabelecer discriminação quanto ao destino das mercadorias, relativamento ao impôsto sôbre exportação, salvo se o autorizar lei federal.

Art. 131. — Além da renda que lhes é atribuída por fôrça do § 2º e § 4.º do art. 130, e dos impostos que, no todo ou em parte, lhes forem transferidos pelo Estado, pertencem privativamente aos Municípios:

I — O impôsto de licença;

II — Os impostos predial e territorial urbanos;

III — O impôsto sôbre diversões públicas;

IV — O impôsto de indústrias e profissões;

V — O impôsto sôbre atos da sua economia ou assuntos da competência municipal;

Art. 132 — Ao Distrito Federal cabem os mesmos impostos atribuídos por esta Constituição aos Estados e Municípios.

SEÇÃO III

Das rendas não provenientes de impostos

Art. 133 — Compete à União, assim como aos Estados, ao Distrito Federal e aos Municípios, cobrar:

I — Contribuição de melhoria, em conseqüência de suas obras públicas,

II — Taxas.

III — Quaisquer outras rendas que possam provir do exercício das suas atribuições e da utilização dos seus bens e serviços.

Parágrafo único. — Cobrar-se-á contribuição de melhoria sempre que se verificar valorização de imóvel, em consequência de obras públicas. Êste tributo não poderá ser exigido em limites superiores, quer à despesa realizada, quer ao acréscimo de valor que da obra pública decorrer para a propriedade beneficiada. A lei federal fixará, para todo o país, normas uniformes relativamente à incidência e à cobrança da contribuição de melhoria.

CAPÍTULO II

Da elaboração dos orçamentos e da abertura de créditos extraordinários

SEÇÃO I

Disposições gerais

Art. 134 — O orçamento será uno, incorporando-se obrigatòriamente à receita tôdas as rendas e suprimentos de fundos e incluindo-se discriminadamente as dotações necessárias ao custeio de todos os serviços públicos.

§ 1.º — A lei de orçamento não conterá dispositivo estranho à previsão da receita e à fixação da despesa para os serviços anteriormente criados. Não se incluem nesta proibição:

I — A autorização para abertura de créditos suplementares e operações de crédito por antecipação da reseita.

II — A aplicação de saldo, ou o modo de cobrir o "deficit".

§ 2.º — O orçamento da despesa dividir-se-á em duas partes: uma fixa, que não poderá ser alterada senão em virtude de lei anterior; outra variável, que obedecerá à rigorosa especialização.

Art. 135 — Prorrogar-se-á o orçamento vigente, se até 30 de novembro vindouro não tiver sido enviado à sanção.

CAPÍTULO III

Da fiscalização da administração financeira

Art. 141 — A administração financeira, especialmente a execução do orçamento, será fiscalizado, na União, pelo Congresso Nacional, com o auxílio do Tribunal de Contas, e, nos Estados, pelas Assembléias Legislativas, pelo modo previsto no art. 144.

Art. 142 — O Tribunal de Contas tem sede na Capital da República e jurisdição em todo o território nacional. A sua organização será regulada pela lei.

§ 1.º — As condições de investidura dos Ministros do Tribunal de Contas são as mesmas da dos Juízes do Supremo Tribunal Federal.

§ 2.º — Aos Ministros do Tribunal de Contas são assegurados os mesmos direitos, garantias e perrogativas, assim como os mesmos vencimentos dos Juízes dos Tribunais Federais de Recursos.

§ 3.º — Ao Tribunal de Contas se estenderá, no que lhe fôr aplicável, o disposto no art. 73.

Art. 143 — Compete ao Tribunal de Contas:

I — Acompanhar e fiscalizar diretamente ou por delegações suas, a execução orçamentária.

II — Julgar privativamente as contas dos responsáveis por dinheiros ou outros bens públicos, inclusive as dos administradores das entidades autárquicas e paraestatais.

III — Julgar da legalidade dos contratos e das aposentadorias, reformas e pensões.

IV — Organizar a sua Secretaria e nomear os funcionários da mesma.

§ 1.º — Os contratos que, por qualquer modo, interessarem à receita ou à despesa só se reputarão perfeitos e acabados depois de registrados pelo Tribunal de Contas. A recusa do registro suspende a execução do contrato até a pronunciamento do Congresso Nacional.

§ 2.º — Será sujeito ao registro do Tribunal de Contas, prévio ou posterior conforme a lei determinar, qualquer ato de administração pública, de que resulte obrigação de pagamento pelo Tesouro Nacional, ou por conta dêste.

§ 3.º — Em todos os casos, a recusa do registro, por falta de saldo no crédito ou por imputação a crédito impróprio, tem caráter proibitivo. Quando a recusa tiver outro fundamento, a despesa poder-se-á autorizar após despacho do Presidente da República, registro sob reserva do Tribunal de Contas e recurso ex-officio para o Congresso Nacional.

§ 4.º — O Tribunal de Contas dará parecer prévio, no prazo de sessenta dias, sôbre as contas que o Presidente da República deve anualmente prestar ao Congresso Nacional. Se estas lhe não forem enviadas no prazo legal, comunicará o fato ao Congresso Nacional para os fins de direito, apresentando-lhe, num ou noutro caso, minucioso relatório do exercício financeiro terminado.

Art. 144 — À lei estadual cometerá a fiscalização financeira a Tribunais Estàduais de Contas, ou ao Diretor da Contabilidade Pública, assegurando a êste ou aos membros daqueles órgãos os direitos e garantias dos desembargadores dos Tribunais de Apelação.

Parágrafo único. — A nomeação dos membros dos Tribunais Estaduais de Contas, ou a do Diretor de Contabilidade, na falta daqueles órgãos, dependerá da aprovação da Assembléia Legislativa, mediante voto secreto da maioria absoluta da Câmara.

Art. 146 — A fiscalização da administração financeira, em cada Município, cabe à sua Câmara Municipal, mediante julgamento das contas do prefeito.

§ 1.º — Sempre que ocorrer abuso na gestão dos dinheiros ou outros bens públicos municipais, poderá qualquer vereador, nos têrmos da constituição estadual, recorrer do ato que houver aprovado as contas do prefeito, para o Tribunal Estadual de Contas, que apurará devidamente as responsabilidades.

§ 2.º — Se julgar procedente o recurso, o Tribunal Estadual de Contas solicitará ao govêrno do Estado que intervenha no Município, exclusivamente com o fim de regularizar as suas finanças.

CAPÍTULO IV

Dos pagamentos devidos pela Fazenda Pública

Art. 147 — Os pagamentos devidos pela fazenda federal, estadual ou municipal, em virtude de sentença judiciária, far-se-ão na ordem de apresentação dos precatórios e a conta dos créditos respectivos, sendo vedada a designação de casos ou pesosas nas dotações orçamentárias ou nos créditos extraordinários abertos para êsse fim.

§ 1.º — Mediante requisição da autoridade judiciária, serão consignadas em orçamento as dotações necessárias aos pagamentos determinados por sentença.

Se o orçamento que se elaborar em seguida à requisição não consignar as dotações necessárias, a autoridade judiciária comunicará a omissão ao poder competente, para os efeitos dêste artigo.

§ 2.º — As dotações orçamentárias e os créditos abertos serão consignados ao poder judiciário, recolhendo-se as importâncias à repartição competente. Cabe ao presidente do Supremo Tribunal Federal ou dos tribunais competentes, conforme o caso, expedir as ordens de pagamento dentro das fôrças do depósito, e autorizar, a requerimento do credor preterido no seu direito de procedência, o sequestro da quantia necessária à satisfação do débito, depois de ouvido o chefe do Ministério Público.

§ 3.º — Os preceitos dêste artigo serão observados, no que fôr aplicável, aos pagamentos devidos pelas entidades autárquicas.

       Souza Costa, Presidente.
       Aliomar Baleeiro, Relator.
       Benedicto Valladares.
       Deodoro Mendonça.

RESIDÊNCIA NO PAÍS, REQUISITO DOS CANDIDATOS À PRESIDENTE DA REPÚBLICA

EMENDA N.º 978

Ao art. 52 — Acrescente-se ao inciso I, depois de "Ser brasileiro nato",

"e ter, pelo menos, 20 anos de residência no país".

JUSTIFICAÇÃO

Parece evidente que repugnará à Assembléia a hipótese, que o projeto admite, de ser eleito presidente brasileiro nato, quem viveu quase sempre no estrangeiro, ou mesmo sempre porque nasceu fora do país.

Exigindo-se ao candidato vinte anos, pelo menos, de residência efetiva no país, presumivelmente oferecerá êle conhecimento direto e pessoal dos problemas nacionais.

Note-se que o assunto não escapou à previdência do Constituinte norte-americano: "... neither shall any person be elegible te that office who shall no attained to the age of thirty five (35) years, ande been fourteen (14) years a resident within the United States". (Artigo II, Seção I, n.º 4, "in fine).

Palácio Tiradentes, em 12 de junho de 1946 — Aliomar Baleeiro — Negreiros Falcão — Luiz Viana.

NOTA: — A emenda não mereceu acolhimento da Constituinte, de sorte a Constituição admite a hipótese, pouco provável, mas possível de ser eleito presidente da República cidadão que se haja educado e passado quase tôda a sua vida no estrangeiro, sem conhecimento direto dos problemas nacionais. Vêr o art. 80 da Constituição.

ORÇAMENTO

EMENDA N.º 967

Ao art. 34, alínea I — Suprimam-se as palavras "anualmente" e "da receita e despesa".

JUSTIFICAÇÃO

Não há necessidade delas, desde que, por outros dispositivos (art. 134 e §§), o orçamento é imperiosamente anual, deve incorporar à receita tôdas as rendas e à despesa tôdas as dotações necessáras ao custeio dos serviços públicos. Logo, o Congresso está adstrito a isso, que é básico em matéria orçamentária, quando votar a lei de meios.

Palácio Tiradentes, em 12 de junho de 1946 — **Aliomar Baleeiro — Rui Santos — João Mendes — Luiz Viana.**

NOTA: — A emenda foi adotada como se observa do art. 66 da Constituição: "votar o orçamento".
— E nada mais, pois o art. 73 estabelece a anualidade e também o conteudo do orçamento.

COMPETÊNCIA TRIBUTÁRIA DO CONGRESSO (redação)

EMENDA N.º 968

Ao art. 34, inciso III — Substitua-se pelo seguinte: — "III Votar tributos e regular rendas de qualquer outra natureza".

JUSTIFICAÇÃO

I — Repugna à boa linguagem constitucional dizer-se que o Congresso "votará", "os tributos próprios da União". Claro que pelo sistema do Projeto e das Constituições anteriores, a União só pode votar e recolher os tributos que expressamente lhe competem, privativamente ou não. Não se presume no legislador ordinário o intuito de rebelar-se contra a Constituição, e, se isso acontece, então se teria de declarar igualmente: "votar o orçamento da União" "autorizar crédito da União", etc.

II — E' desnecessária a referência à distribuição de rendas, desde que tal distribuição é exatamente o objetivo do orçamento.

Palácio Tiradentes, em 12 de junho de 1946 — **Aliomar Baleeiro — Rui Santos — João Mendes — Luiz Viana.**

NOTA: — Não vingou a emenda: — O art. 65 da Constituição de 1946 diz que "compete ao Congresso Nacional, com a sanção do Presidente da República: — ... II — votar os tributos próprios da União e regular a arrecadação e a distribuição das suas rendas".

AUTORIZAÇÕES DO
    CONGRESSO (Redação)

EMENDA N.º 970

Ao art. 35 — Substituam-se os incisos II, III, IV, V, VIII, pelo seguinte:

"II — Autorizar o Presidente da República a ausentar-se do país por tempo predeterminado, e a praticar e a suspender os atos previstos nos artigos 3, incisos II e III, 182, 183 e 119.

JUSTIFICAÇÃO

A emenda atinge ao mesmo fim sem repetições. A autorização para o Presidente ausentar-se deve ser concedida por tempo prefixado.

Sala das Sessões 15 de junho de 1946. — **Aliomar Baleeiro — Rui Santos — João Mendes — Luiz Viana**.

NOTA: — Não vingou a emenda, tendo sido julgado mais acertada a reptição contida no art. 66 e alíneas da Constituição.

COMPETÊNCIA LEGISLATIVA DO CONGRESSO (Redação)

EMENDA N.º 972

Ao art. 34 — Inciso IX — Suprimam-se as palavras finais, a partir de "assim como", inclusive. Suprima-se a remissão aos arts. 3.º, 4.º e 5.º.

JUSTIFICAÇÃO

Evidentemete supérfluas e redundantes: — se está dito que se legislará sôbre tôdas as matérias da competência da União, para que falar ainda, com tão mau gôsto aliás, das "dependentes de lei federal"? Pois não são as mesmas?

Em 15 de junho de 1946 — **Aliomar Baleeiro — Rui Santos — Luiz Viana**.

NOTA: — O art. 34 alínea IX do Projeto, rezava: "Legislar sôbre tôdas as matérias da Competência da União (arts. 3 4 e 5), ressalvado o disposto no artigo seguinte, assim como sôbre as dependentes de lei federal, por fôrça desta Constituição". Logrou êxito a emenda, pois o art. 65, IX da Constituição diz sobria e suficientemente: "Legislar sôbre os bens do domínio federal e sôbre tôdas as matérias da competência da União, ressalvado o disposto no artigo seguinte".

**VOTAÇÕES SECRETAS
NO CONGRESSO**

EMENDA N.º 946

Ao art. 13 § 3.º — Acrescente-se, depois de vetos: "e nos demais casos previstos nesta Constituição ou no regimento interno".

JUSTIFICAÇÃO

A experiência poderá demonstrar a necessidade do voto secreto fora das hipóteses de vetos, contas e nomeações. Nêsses casos, o Regimento Interno poderá prover ao sigilo, que o dispositivo, como está, o veda a "contrário sensu".

Em 15 de junho de 1946. — Aliomar Baleeiro — Rui Santos — João Mendes — Luiz Viana.

NOTA: — O Projeto determinava que Câmara e Senado se reunissem em certos casos e prescrevia: "O voto será secreto nas eleições e nas deliberações sôbre votos e contas do Presidente da República". O assunto está regulado pelo art. 43 da Constituição que faz remissão a outros dispositivos com redundâncias aliás, como se observa no art. 63 alínea I. Na prática, tem-se entendido que o Regimento póde autorizar deliberações secretas por desejo da maioria ocasional em cada caso concreto. Assim se fêz quando a Câmara aplicou pela primeira vez o art. 48 § 2.º, que não figura nas remissões do art. 43.

AUTORIDADE "PROCESSANTE"

EMENDA N.º 947

Ao art. 15 — Onde se lê "autoridade processante", redija-se "autoridade competente". Onde se lê "câmara interessada" redija-se "câmara a que pertencer o acusado".

JUSTIFICAÇÃO

I — E' óbvio que o processo será feito pela autoridade à qual a lei houver dado competência.

E' preferível o clássico "autoridade competente" ao inusitado "processante".

II — "Câmara interessada" não parece próprio. Nova redação.

Em 15 de junho de 1946. — **Aliomar Baleeiro — Rui Santos — João Mendes — Luiz Viana**.

NOTA: — Lia-se no art. 15 do Projeto: "Os membros do Congresso Nacional, desde que tenham recebido diploma até a expedição dos diplomas para o período seguinte, não podem ser prêsos, nem processados criminalmente, sem prévia licença de sua Câmara, salvo caso de flagrância em crime inafiançável. Nêste caso, a autoridade processante remeterá os autos à Câmara interessada, para que resolva sôbre a prisão e autorize ou não a formação de culpa."

A emenda vingou em parte, como se vê do art. 45 da Constituição, que todavia, no § 2 conservou as palavras "câmara interessada", embora se livrasse do "processante".

O ORÇAMENTO E OS IMPOSTOS

EMENDA N.º 1092

Ao art. 159, § 37 — Transfira-se o dispositivo para o Título IV (Organização Financeira) Capítulo I, Seção I, incorporando-se o seu conteúdo ao do art. 127, inciso I, como estava no ante-projeto da subcomissão.

JUSTIFICAÇÃO

I — O Projeto, segundo se lê claramente dos debates taquigrafados, consagrou dois princípios: a) nenhum tributo será criado nem majorado sem lei especial que o determine expressamente; b) além dessa decretação por lei especial, a arrecadação, em qualquer exercício, não se fará sem autorização expressa na lei orçamentária respectiva.

Daí o sistema: a lei especial cria o impôsto, ou o majora; o orçamento condiciona a sua cobrança em cada exercício. Nem outra coisa é o orçamento da receita, do ponto de vista jurídico, senão um auto-condução. (Jèze: "Le Budget", 1922, páginas 24, 25). Não é lei no sentido material, isto é ato-regra. Quando muito o será no sentido formal.

II — Foi êsse o pensamento vencedor na Comissão por apreciável maioria. A redação rebelou-se contra isso e partiu em dois o dispositivo, ensejando dúvidas de consequências práticas.

Como está, poderá o aplicador entender que a lei de orçamento é também aquela lei de que trata o artigo 159, § 37, quando inteiramente outro foi o pensamento da Comissão, vencido, ao que me lembro, apenas o Senhor Deputado Capanema.

E' de restabelecer-se, pois, o texto uno como se lê no projeto da sub-comissão. Note-se que na Constituição de 1934 o princípio da legalidade do impôsto está contido no art. 17, inciso VII e não na Declaração de Direitos.

Palácio Tiradentes, em 12 de junho de 1946 — **Aliomar Baleeiro — Rui Santos — João Mendes — Luiz Viana.**

NOTA: — A redação do Projeto cindiu em duas cláusulas o dispositivo que se lê no art. 141 § 34 da Constituição: "Nenhum tributo será exigido ou aumentado sem que a lei o estabeleça; nenhum será cobrado em cada exercício sem prévia autorização orçamentária, ressalvada, porém, a tarifa aduaneira e o impôsto lançado por motivo de guerra". A emenda n. 1092 restabeleceu a unidade do texto, aqui reproduzido, evitando interpretações errôneas de regra que não existia nas Constituições anteriores, cujo alcance está evidente no resumo dos debates publicado pelo Dr. José Duarte (À Constituição Brasileira de 1946, v. 3.º pág. 79 e seg.)

DESEMBARGADORES POR CONCURSO

EMENDA N.º 1043

Ao art. 116, inciso IV — a) Substitua-se "organizará lista tríplice" por "organizará o concurso de provas.

b) Suprima-se todo o período que começa "quando fôr, etc.".

JUSTIFICAÇÃO

I — O merecimento para promoção dos juízes ao Tribunal deve ser apurado por concursos. E', sem dúvida, meio falível e já o disse Rui Barbosa, no Relatório sôbre o Ensino Superior e ainda na Plataforma. Mas é muito menos falível do que a apreciação subjetiva dos desembargadores sem apreciação de quaisquer provas.

Para compensar a vantagem dos candidatos loquazes e desembaraçados sôbre os tímidos existem as provas escritas, os títulos, etc.. A experiência mostra que a supressão dos concursos transforma os candidatos em postulantes à parte dos desembargadores, o que é deplorável para a dignidade da justiça.

II — Quando a vaga fôr reservada ao mais antigo, não parece justo convertê-la em caso de merecimento. Para o juiz inépto ou inapto, basta a severidade de concurso inicial. Se a inatidão foi superveniente, física, moral ou intelectual, há os remédios da lei: demissão aposentadoria, etc. Mas não o ludíbrio ao fim da carreira. — **Aliomar Baleeiro — Rui Santos — Luiz Viana**.

NOTA: — A emenda não convenceu a Constituinte quanto à conveniência do concurso para escolha dos desembargadores dentre os juízes de carreira. Vêr art. 124 da Constituição.

VENCIMENTOS DOS DESEMBARGADORES

EMENDA N.º 1046

Ao art. 116, inciso VI — Onde se lê "dois quintos" redija-se "metade".

JUSTIFICAÇÃO

E' insuficiente o critério de 2/5. Alega-se que os Estados pequenos, ou econômicamente menos fortes, dificilmente poderiam pagar ao Desembargador vencimentos correspondentes à metade do que ganha um juiz do Supremo. Mas nêsses Estados o número de Desembargadores é menor: 6, 7 contra 25 em S. Paulo e 15 na Bahia.

Em 15 de junho de 1946. — **Aliomar Baleeiro — Luiz Viana.**

NOTA: — O Projeto garantia aos desembargadores dos Estados vencimentos não inferiores a dois quintos do que percebessem os Ministros do Supremo Tribunal Federal. A Constituição preferiu equipará-los aos dos Secretários do Estado (art. 124 alínea IV).

JUSTIÇA SOCIAL NA ORGANIZAÇÃO FINANCEIRA

EMENDA N.º 1057

Substitua-se o art. 127 pelo seguinte:
"Art. 127 — A organização financeira, federal, estadual e municipal assegurará o funcionamento dos ser-

viços públicos dentro dos princípios de justiça social, segundo os seguintes preceitos gerais".

JUSTIFICAÇÃO

I — A emenda tem como objetivo deixar expressa uma idéia fundamental na organização financeira do país: a de que o sistema fiscal assegurará a distribuição do custo dos serviços públicos entre tôdas que têm vinculação política ou econômica com as comunidades, mas que essa repartição obedecerá aos princípios de justiça social.

A primeira conseqüência é a de que os gravames dos tributos se medirão pela capacidade de pagar. Outra é a de que os processos fiscais são idôneos para se corrigirem as iniquidades da estruturação social contemporânea.

II — Não há qualquer novidade nisso, pois o historiador Guicciardini, contemporâneo e amigo de Macchiavelli, já tivera a antevisão dessa possibilidade de empregar-se o sistema financeiro como corretivo da má distribuição dos frutos do esfôrço coletivo, causa dos ressentimentos e antagonismos de classes. Afirma-se que essa tendência foi exagerada por Adolfo Wagner nas últimas decadas do século passado, mas os próprios críticos do escritor alemão admitem que a organização financeira deve ser usada como processo de reforma social.

Qualquer que seja a posição doutrinária em que alguém se coloque, o fato é que a evolução finanreira desta primeira metade do nosso século se processa no sentido da compensação das desigualdades do mundo contemporâneo. Nos países civilizados acentua-se a predominância dos impostos diretos e pessoais sôbre os indiretos e reais. Paralelamente, as despesas públicas se invertem, cada vez mais, no sentido favorável às classes menos favorecidas pela fortuna: hospitais, maternidade, escolas, transportes coletivos populares, enfim, serviços públicos que atendem às necessidades do proletariado, em contraste com o passado, quando os impostos indiretos, coletados da massa humilde, eram aplicados em obras e serviços do intêsse dos poderosos e abastados.

III — Objetar-se-á que isso conduzirá a consequências avançadas. E' possível porém, mais vale chegar lá suave e consciente, voluntária e progressivamente do que, amanhã, ceder à fôrça e de improviso, muito mais, ou mesmo tudo. Ocorreu assim na Rússia, onde dominava uma elite egoística. Mas a Inglaterra, nêste momento, opera a sua reforma social a salvo de choques ou desordens, sem o mínimo abalo da sua entrosagem constitucional e democrática. E lá, num Parlamento de mais de 600 deputados, há apenas 2 comunistas, porque o "Labour Party", no poder, representa um clarão de esperança para todos os pobretões e deserdados.

Nos EE. Unidos, o debate está sempre aberto entre os que se apegam às finanças de objetivo meramente fiscal e os que encaram como "engine of social reform", segundo a expressão de F. S. Wilson (The Elemants of Modern Politics" — 1944, pág. 683).

Roosevelt representa a vitória dêstes últimos: "Wise and prudent men — inteligente conservantives — have longe known that in a changing world worthy institutions can be conserved only by adjusting them to the changing time... I am that kind of coservative because I am that kind of liberal" — disse F. Roosevelt, visando preservar da revolução o capitalismo através da reforma social. Êle compreendia que isso se não obtém por meio do sadismo policial.

"A; 2.ª eleição de Roosevelt em 1940 determinou que durante quatro anos convulsivos ficaria investido do maior poder de contrôle um Partido predisposto à mais geral e equitativa divisão da riqueza e do poder político nas mãos de uma elite" — comenta o prof. Sidney Ratner no livro em que estuda a tributação como fôrça social na democracia ("American Taxation: Its History as a Social Force in Democracy" — 1942, pág. 499).

Esta é a lição das nações verdadeiramente democráticas e que buscam realizar através da organização financeira, sem bulha nem matinada, uma trnsformação que outros terão de sofrer pela violência, porque desta se socorrem na ilusão de conservar o parasitismo egoístico de que são beneficiárias as classes prósperas.

E' certo que, "em geral o capitalismo teme do Estado o poder de tributar" e "opõe-se à tributação como meio de realizar a mudança social, e, particularmente, opõe-se ao que considera legislação discriminativa, que pesa mais sôbre as clases mais ricas" (Mc Iver — "O Estado", trad. brasil., p. 210). Mas, com isso, marcha para o suicídio.

A Constituição não pode ser estranha ao drama do nosso tempo e há de estar acima da cegueira de um grupo, para impor-lhe a solução pacífica racional e a justiça social no interêsse de todos e na defesa dos mais fracos econômicos e políticamente.

Palácio Tiradentes, em 14 de junho de 1946 — **Aliomar Baleeiro — Rui Santos — João Mendes — Luiz Viana.**

NOTA: — Essa emenda visava restabelecer, no Projeto, a cláusula de obediência aos cânones de justiça social, que, aprovada pela Subcomissão de Discriminações de Rendas, foi expungida do texto pela Comissão da Constituição.

Os princípios nela contidos estão inscritos na Constituição de 1946, sob redação diferente, mas de nossa autoria, pela transformação de outras emendas, ns. 113, 2.968, 57, 1.345, etc., na sintese do art. 202:

"Os tributos terão caráter pessoal sempre que isso for possível, e serão graduados conforme a capacidade econômica do contribuinte".

Graduados, isto é progressivos.

Veja-se, a respeito desse artigo 202, o relatório geral da Subcomissão de Discriminação de Rendas sôbre as emendas oferecidas às disposições financeiras do Projeto.

PARTILHA DO IMPÔSTO ÚNICO SÔBRE COMBUSTÍVEIS, MINÉRIOS, ETC.

EMENDA N.º 1.493

Ao art. 128, § 2.º:

Substitua-se as palavras "quota-parte proporcional ao consumo nos respectivos territórios".

Pelo seguinte:

"uma quota-parte igual".

JUSTIFICAÇÃO

O projeto conservou, para combustíveis, o regime da Emenda n.º 4, à Carta de 1937 que rateia o impôsto único em proporção ao consumo de cada Estado e município.

Destarte os Estados e Municípios menos dotados de rodovias não as terão, nem as melhorarão nunca, pelo mais que evidente motivo de que essa mesma carência de comunicações lhes impossibilita o consumo, base do rateio.

A emenda, inspirada no ideal de solidariedade nacional, estabelece um sistema de vasos comunicantes, de modo que o nível do rateio será o mesmo: quota igual para todos. Como conseqüência, Estados e Municípios destituidos de rodovias serão ajudados pelo consumo de combustíveis das regiões mais felizes. Estas, por sua vez, têm interêsse em que se prolonguem as comunicações, único meio de se dilatar o mercado interno sem o qual não se expandirá o progresso dos Estados e Municípios mais avantajados econômicamente, ou já industrializados. Só há um meio dos Estados ricos prosperarem: — é estender a sua riqueza aos Estados pobres, que lhes consomem os produtos.

Palácio Tiradentes, 11 de junho de 1946 — Aliomar Baleeiro. — Deodoro Mendonça — Theodulo Albuquerque — José Alves Linhares — Raul Pila — Ernani Satyro - Alarico Pacheco - Leão Sampaio - José Augusto — Gilberto Freyre — Paulo Sarasate — Alberico Fraga — Aloysio de Carvalho Filho — Leite Neto — Ruy Santos — Magalhães Barata — Lameira Bittencourt — Nelson Parijós — Moura Carvalho — Duarte d'Oliveira — João Botelho — Clemente Mariani — Durval Meos — Amando Fontes — João Ursulo Ribeiro Coutinho — Adalberto Ribeiro — João Agripino — João Mendes — Aloysio de Castro — Regis Pacheco — José Varella — Souza Leão. (Assinatura ilegível) — Negreiros Falcão — Dário Cardoso — Altamirando Requião. — Oswaldo Lima — Etelvino Lins — (Assinatura ilegível) — Janduhy Carneiro — Castelo Branco — Grepory Franco — Odilon Soares (Assinatura ilegível) — Segadas Viana — Waldemar Pedrosa — Silvestre Péricles — Graccho Cardoso.

NOTA: — A emenda não logrou vitória. Vigora o princípio do art. 15, n. III e § 2, isto é, partilha do impôsto prop~~~ionalmente à superfície, população, consumo e produção, segundo critério estabelecido em lei.

DIREITO DE RESPOSTA E RECURSO JUDICIAL

EMENDA N.º 1.091

Ao art. 159, § 5.º — Acrescente-se, depois da cláusula "E' assegurado o direito de resposta", mais o seguinte: "com o recurso judicial da lei".

JUSTIFICAÇÃO

I — Desde a lei Adolfo Gordo, de 1923, a primeira que regulou a liberdade de imprensa no país, existe o direito de resposta, que, se o jornalista recusar, é decretada pelo Juiz competente, sob a sanção de multa diária até a efetiva inserção.

II — Mas tanto na Lei de 1923, quanto na de 1934, ainda vigente, não se estabeleceu recurso do jornal contra o despacho, que o obriga à inserção. Isso ocorre apenas na imitação brasileira, como se pode verificar na obra clássica de Barbier — "Code de la Presse", sabido que o nosso legislador se inspirou, quanto ao resto, no direito francês sôbre o assunto.

III — Os repositórios de jurisprudência, notadamente a "Revista dos Tribunais", de São Paulo, recolheram casos de tão estridente, iniquidade por parte de juízes, ao condenarem jornais à publicação de respostas impertinentes e contrárias ao espírito da lei — restabelecimento da verdade apenas e não direito a não ser criticado em têrmos não injuriosos — que concederam às respectivas emprêsas mandado de segurança à falta de outro remédio legal.

IV — Admitido pelo projeto que a liberdade de manifestação do pensamento é princípio fundamental para sobrevivência do regime democrático, convêm resguardá-la, constitucionalmente ao mesmo tempo, do êrro judiciário, na medida do possível, já que o legislador ordinário se revelou incapaz de fazê-lo nêstes 23 anos.

Palácio Tiradentes, em 12 de junho de 1946 — **Aliomar Baleeiro — Rui Santos — Luiz Viana**.

NOTA: — A Constituinte não acolheu a emenda, mas o projeto de reforma de lei de imprensa, em curso no Congresso, fêz a correção sugerida, no sentido da legislação francêsa que inspirou a nossa (Lei de 25-3-1822 e Lei de 29-7-1881). — Veja-se Barbier, pág. 131 e seg.

ALFÂNDEGAS E
ENTREPOSTOS ADUANEIROS

EMENDA N.º 932

Ao art. 3.º — Suprima-se a alínea X:

E' inteiramente supérflua essa disposição, que, aliás, vem das Cartas anteriores. As alfândegas e entrepostos aduaneiros são repartições, instalações ou "instrumentalidades" para arrecadação e fiscalização dos impostos de importação, incluídos taxativamente na competência federal (artigo. 128, I). Quando a Constituição dá os fins — é velho — assegura implicitamente todos os meios adequados, que ela expressamente não veda. Se a União pode arrecadar impostos aduaneiros, também pode, evidentemente, criar tôdas as repartições, serviços e instalações para êsse fim.

Não é necessário que o diga superabundantemente o texto.

No seio da Grande Comissão, em 5 ue abril de 1946, já havíamos proposto, sem êxito, porém, a supressão da referência às Alfândegas em breve discurso que teve apôio do sr. Soares Filho e repulsa do sr. Flores da Cunha: "O Sr. Aliomar Baleeiro: Sr. Presidente, entendo que a Comissão deve adotar um princípio. Se todos estamos de acôrdo em que deve caber à União o impôsto de importação, é evidente que tudo quanto fôr necessário para cobrança e arrecadação dêsse impôsto — alfândegas, entrepostos, portos francos, mesas de renda — tôda aparelhagem indispensável a êsse fim, está entregue também à competência da União. Está implícito. Não é possível que concedamos à União o impôsto aduaneiro e tenhamos necessidade de atribuir privativamente à União o estabelcimento de alfândegas e entrepostos, que são as repartições específicas para a cobrança daquele impôsto. Uma coisa, evidentemente, está implícita na outra. Parece-me, pois, uma superfectação que se crie um inciso, na Constituição, que já tendo a tornar-se longa casuística, para atribuir à União o estabelecimento de alfândegas e entrepostos. Isto está implícito em outro dispositivo, que concede à União, privativamente, a cobrança do impôsto aduaneiro. E', pois a meu ver, dispositivo inteiramenae desnecessário.'' (Anais da Comissão da Constituição, v. I, pág. 204, ed. 1948).

Palácio Tiradentes, em 12 de junho de 1946 — **Aliomar Baleeiro — Rui Santos — João Mendes — Luis Viana.**

NOTA: — Refere-se ao art. 3, alínea X do Projeto da Grande Comissão, quando pretendia deixar expressa a competência privativa da União Federal para "Criar e manter alfândegas e entrepostos aduaneiros'', a exemplo do que se lia no texto de 1891, art. 7 § 1.º inciso 2; ou no de 1934, art. 5, alínea X, e de 1937, art. 16, alínea XIII.

A emenda foi acolhida pela Constituinte, de sorte que a Constituição do 1946 não menciona superfluamente a competência do Govêrno Federal para criar ou manter alfândegas.

CAPACIDADE PARA EXERCÍCIO DE PROFISSÕES TÉCNICO-CIENTÍFICAS E LIBERAIS

EMENDA N.º 939-A

Ao art. 4, inciso XVII: — Suprimam-se as palavras finais: — "liberais e técnico-científicas, assim como do jornalismo".

JUSTIFICAÇÃO

Parece-me que a lei federal poderá regular as condições de capacidade para o exercício de quaisquer atividades e não apenas as técnico-científicas, liberais e jornalismo.

A lei poderá encaminhar os indivíduos para as atividades mais adequadas às suas aptidões e, ao meu vêr, até mesmo estabelecer seleção, com o fim de evitar o "chomage" em determinados campos do trabalho humano.

Conduzir um automóvel, por exemplo, é técnico, mas nada tem de científico. Técnica, afinal, tôdas as profissões a pressupõem necessária.

Como está redigido o legislador terá reduzido seu campo de regulamentação. Aliás, se não fôra prevenir perigosas interpretações como a dos positivistas do Rio

Grande do Sul, sob o regime de 1891, o dispositivo dever-se-ia reputar supérfluo, porque o "poder de polícia" compreende normalmente a regulamentação de profissões sob os vários ângulos do interêsse social.

Palácio Tiradentes, 15 de junho de 1946 — **Aliomar Baleeiro — Rui Santos — Luiz Viana.**

NOTA: — O Projeto dizia, como da competência legislativa da União, mas não privativamente — "condições de capacidade para o exercício das profissões liberais e técnico-científicas, assim como do jornalismo."

A emenda foi aceita apenas em parte, eliminada do texto a referência expressa ao "jornalismo". Veja-se o art. 5, XV, "p" da Constituição: "condições de capacidade para o exercício das profissões técnico-científicas e liberais".

COMÉRCIO INTERESTADUAL

EMENDA N.º 939

Ao art. 4, inciso X —: Substitua-se a palavra "interior" por "inter-estadual".

JUSTIFICAÇÃO

A emenda restabelece o que dispunha a Constituição de 1934, art. 5, XIX, letra "i", fiel à boa tradição norte-americana, recebida em 1891, e da qual se afastou sem razões ponderáveis, a reforma de 1926, art. 34.

Fiquem os Estados com o direito de legislar acêrca do comércio **interior**. Não me convenço dos argumentos de Colares Moreira, A. Gordo e João Mangabeira, sumariados por C. Maximiliano, pág. 414. E tanto isso é exato que os americanos não se afastaram do têxto primitivo, nêsse assunto, muito embora não hesitassem em emendá-lo em tantos outros pontos. Problemas muito mais complexos enfrentou o Congresso americano em matéria de comércio e os resolveu com favorável acolhimento da Côrte Suprema. Mas, até hoje, "of course, intrastate commerce is entirely under state control as long as it is not essentially connected with interstate or foreign commerce". E' o que depõe, já em 1944, Claudius Johnson: — "Government in the U. S." — pag. 597.

Palácio Tiradentes, 15 de junho de 1946 — **Aliomar Baleeiro — Rui Santos — Luis Viana.**

NOTA: — O Projeto da Comissão Constitucional, no art. 4, alínea X, assegurava à União competência privativa para legislar sôbre "— comércio exterior e **interior**..."

A emenda foi acolhida como se vê do art. 5. alínea XV, inciso "k" da Constituição em vigor: "— Comércio exterior e inter-estadual..."

CASSAÇÃO DE MANDATO PARLAMENTAR POR FALTA DE DECÔRO

EMENDA N.º 949

Ao art. 18, ou onde convier:
Acrescente-se mais um parágrafo:

"§ — Perderá o mandato o deputado, ou senador, cujo procedimento, pelo voto de dois têrços de seus pares, fôr reputado inconveniente ao decôro da Câmara a que pertencer".

JUSTIFICAÇÃO

I — Visa-se nessa emenda, já discutida no seio da Grande Comissão, prevenir hipótese, que, embora rara ou pouco provável, bem pode acontecer, como já tem acontecido em parlamentos de países cultos. Por isso mesmo, em tais Câmaras, já se tem aplicado a **extrema sanção**, prevista expressamente no texto constitucional.

II — Nos EE. Unidos, a velha carta oferece a disposição inspiradora da emenda: "Each house may determine the rules of its proceedings, punish its members for disorderly behavior, and wih the concurrence of two thirds expel a member". (art. 1.º, seção V, n.º 2).

Além disso, cada câmara também

"shall be the judge of the... qualifications of its own members..." (artigo 1.º, seção V. n.º 1).

Dêste último dispositivo, inferiram os aplicadores que os requisitos ou qualificações a serem exigidas não seriam apenas as de nacionalidade, idade, etc., expressas, mas também, "impor inabilitações pelas razões que estão ao alcance do entedimento comum da humanidade".

Em 1900 a Câmara de Representantes excluiu um Deputado do Utah por "infrator notório, desmoralizado e audaz das leis estaduais e federais sôbre poligamia e delitos vinculados à mesma" (J. Woodburn, apud Corwin, pág. 16).

Em 1910 a Câmara de Representantes excluiu um eleito pelo Illinois, fundando-se em que a aceitação de certas somas para favorecimento de sua candidatura fôra "contrária à sã política, detrimentosa para a dignidade do Senador e ameaçadora ao govêrno livre", maculando de fraude e corrupção as suas credenciais (Congressional Record, dez. 1927, jan. 1928 — apud Corwin, pág. 16).

Note-se que tendo o projeto previsto a existência de suplente do Senador, não há perigo de ficar desfalcada a representação de um Estado, como aconteceria nos Estados Unidos.

III — Na Inglaterra, não podem ser deputados os condenados por certos crimes (Orlando Carvalho — "Mecanismo gov. Britânico, pág. 111) e admite-se igualmente a expulsão (idem, pág. 107).

IV — Na França, as condenações criminais e a falência desclassificavam o parlamentar. Leia-se a propósito, Esmein — "Droit Constit", v. II, página 360 e 361.

V — Ainda recentemente estatuiu a Constit. do Equador, de 1945: "Solo el Congresso Nacional está facultado para calificar la idoneidad de sus mienbros" (art. 28).

VI — Na Argentina, a Constituição seguiu a orientação americana, que inspirou esta emenda, e cada Câmara "poderá, con dos tercios (2/3) de votos corregir a cuaquiera de sus miembros por desorden de conducta en el ejercicio de sus funciones, o removerlo por inhabilidad fisica o moral sobreveniente a su incorporacion, y hasta excluirle de su seno". Também é digno de leitura o que escreveu sôbre essa disposição Gonzalez Calderon — "Derecho Constitucional", pág. 571, ed. 1943).

Em 15 de junho de 1946. — **Aliomar Baleeiro** — **Rui Santos** — **Nestor Duarte** — **João Mendes** — **Luiz Viana**.

ESTABELECIMENTOS DE CRÉDITO E BANCOS

EMENDA N.º 931

a) Substitua-se: — "institutos de crédito" — por estabelecimentos de crédito;

b) Suprimam-se as palavras: — "particulares e de bancos".

JUSTIFICAÇÃO

I — A expressão "institutos" é específica em direito e aí, empregada noutro sentido, poderia ensejar controvérsia. O constituinte quer referir-se aos "estabelecimentos de crédito" em geral: bancos, casas bancárias e análogas.

II — Mencionando **"institutos de créditos particulares"**, além de deploràvelmente redigido, poder-se-ia sustentar que se exclui da competência federal a regulamentação dos institutos oficiais de crédito, estaduais e municipais, quer diretamente mantidos, quer sob regime de autarquia ou de sociedade de economia. Bancos ou "institutos de créditos", como os chama o Projeto, mesmo do Estado ou do Município, devem ser fiscalizados e regulamentados por lei federal. Assim o reconheceu a própria Côrte Suprema dos Estados Unidos no célebre caso Veazite Bank versus Fenno. Logo, é indesejável a palavra "particulares". E se a expressão "estabelecimentos de crédito" é genérica, suprima-se a palavra "bancos" por supérflua.

Palácio Tiradentes, em 12 de junho de 1946 — **Aliomar Baleeiro — Rui Santos — João Mendes — Luiz Viana.**

NOTA: — O Projeto da Comissão de Constituição (texto no vol. X, pág. 223 e seg. dos Anais da Assembléia Constituinte), no art. 3, alínea XI, incluía na competência privativa da União — fiscalizar as operações dos **institutos de crédito particulares, e de bancos e seguros**".

A emenda foi aceita para a surpressão apontada. O dispositivo emendado transformou-se, pela fusão com outros, na alínea IX do art. 5 da Constituição de 1946: "fiscalizar as operações de estabelecimentos de crédito, de capitalização e de seguro".

INQUÉRITOS
PARLAMENTARES

EMENDA N.º 955

Ao art. 24, e parágrafo único — Suprima-se, mas acrescente-se um § depois do 2.º, do art. 13:

"§... — O Senado ou Câmara, considerará aprovado, independentemente de votação, o requerimento de inquérito sôbre qualquer assunto, desde que subscrito por um têrço (1/3) dos seus respectivos membros".

JUSTIFICAÇÃO

E' inteiramente supérflua a disposição porque, no desempenho de suas funções, ambas as Câmaras podem recorrer aos inquéritos sôbre quaisquer fatos, determinados ou não, assim como a todo e qualquer meio idôneo que lhe não seja vedado por cláusula expressa, ou implícita, da Constituição. Pouco importa que disposição análoga houvesse figurado na Constituição de 1934: — não era menos supérflua, nem a única a merecer essa qualificação naquela Carta de longo curso e curta vida.

Tais comissões de inquérito sempre foram criadas pelas Câmaras inglêsas e norte-americnas com poderes tão grandes, que podem trazer compulsòriamente à sua presença, prender e fazer punir "por desacato" perante a Côrte de Justiça de Colúmbia os indivíduos recalcitrantes. Nenhum dispositivo constitucional, ou da emenda à Constituição, entretanto, se julgou necessário para êsse fim. Apenas uma lei de 1853, deu competência à Côrte de Colúmbia para o julgamento dos particulares, que se rebelassem contra tais medidas, ou as dificultassem.

A única parte útil do artigo é a que permite a instauração de tais inquéritos, independentemente de votação, desde que requeridas por 1/3 da Câmara, ou do Senado. Mas nêste caso, as boas regras legislativas aconselhariam que o assunto se subordinasse ao artigo 13, que trata de modo de deliberação de cada ramo do Congresso.

A remissão ao art. 11, § 2.º, é dispensável, porque êste último dispositivo não admite exceções.

Sala das Sessões 15 de junho de 1946. — **Aliomar Baleeiro — —Rui Santos — João Mendes — Luiz Viana.**

NOTA: — O Projeto estabelecia no art. 24, exatamente o que se acha consagrado pelo art. 53 da Constituição: "A Câmara dos Deputados e o Senado Federal criarão comissões de inquérito sôbre fato determinado, sempre que o requerer um têrço dos seus membros". Evidentemente, se inspirava, como o art. 36 da Constituição de 1934, no art. 34 da Carta de Weimar:

"O Reichstag **poderá** e, se lh'o pede uma quinta parte de seus membros, **deverá** instituir Comissões de Investigação, etc.".

A emenda foi rejeitada. Na interpretação do texto, alguns tem entendido, a nosso ver sem razão, que o art. 53 exige sempre um têrço de votos favoráveis dos Deputados, ou Senadores, para que o plenário de cada Casa do Congresso aprove a criação de Comissões de inquérito. Vários debates já se travaram na Câmara, dela tendo participado, dentre outros, os srs. Raul Pila, Arinos e Freitas Castro.

A emenda 955 parece que teria deixado nítida a inteligência do art. 53 da Constituição, segundo a finalidade que a ditou: a) qualquer congressista pode tomar a iniciativa de propor uma comissão de investigação e a Câmara respectiva deliberará, na forma do Regimento, por maioria de votos; b) independerá de votação a iniciativa se requerida com a assinatura de congressistas em número igual ou superior a um têrço dos membros da respectiva Câmara. Destarte, numa sessão a que estiverem presentes 32 senadores 17 poderão aprovar o requerimento de inquérito promovido por um só dêles sem necessidade de 22 votos favoráveis, como já foi pretendido.

INTERVENÇÃO FEDERAL NOS ESTADOS

EMENDA N.º 1.447

Ao art. 77, IV

Acrescente-se mais um inciso depois do III:

"VI — Declarar a violação constitucional nos casos previstos no artigo 117, inciso, I, depois de esgotado o prazo de 90 dias para o Estado contrariar a representação do Procurador Geral da República (art. 118, parágrafo único).

JUSTIFICAÇÃO

I — Por inadvertência o dispositivo sôbre a competência do Supremo Tribunal Federal (art. 77), não foi coordenado com o parágrafo único do artigo 118, assim redigido:

"No primeiro caso de que trata o presente artigo (isto é, inobservância dos princípios constitucionais expressos no art. 117, I) não se votará a lei de intervenção, sem que submetida a matéria pelo Procurador Geral da República ao Supremo Tribunal Federal, êste declare a ocorrência da violação constitucional".

A emenda corrige essa lacuna.

II — Mas, provida a inadvertência, parece que se deve cercar a intervenção de cautelas assecuratórias da autonomia estadual, já garantindo defesa à unidade federal ameaçada, senão também lhe dando tempo a corrigir espontâneamente o êrro. Está é a boa política, porque bem razão tinha Campos Sales ao comparar o art. 6 da Constituição de 1891 ao coração da república federativa. Daí a emenda determinar que o pronunciamento do Supremo Tribunal Federal seja precedido de prazo de defesa. Se o Estado resignar-se, afinal, aos princípios constitucionais, evidentemente ficará prejudicada a intervenção.

III — Ao invés de seguir-se totalmente, no particular, o modêlo americano, onde a intervenção é "avis rara" ou raríssima, que aparece rápida e extraordinàriamente após a guerra da sucessão, tivemos a má idéia de copiar a adulteração argentina com seus interventores e as suas 55 intervenções até 1916 e as 34 de 1916 a 1930 sob o pretexto "garantir la forma republicana de gobierno y, casi siempre, como objeto verdadero, servir los interêsses políticos del presidente de la nacion" (Matienzo — "Remédios contra el Gobierno Personal", página. 22 e 23). Outro não foi o drama da história política do Brasil republicano, antes e depois de 1930. Não deve haver, pois, facilidade nem pressa em votar-se a intervenção federal.

IV — O Supremo Tribunal, assim, cozinhará em água fria o caso, para dar tempo a uma solução política de transigência por parte do Estado em foco. A função do Supremo é também eminentemente política, porque êle funciona, segundo as palavras de Woodrow Wilson como uma "espécie de Convenção Constituinte em sessão permanente".

Por outro lado, não se deve atribuir excessiva rigidez à Constituição Federal que se não permita às estaduais modelarem os govêrnos segundo as conveniências e inspirações locais, para serem, afinal, cópias, em miniatura do govêrno presidencial federal.

Não me repugnaria permitir aos Estados que se afastem do tipo federal de govêrno adotando, por exemplo, uma fórmula de tendência parlamentarista.

Enfim, o debate entre o Procurador Geral da República e o Estado, perante o Supremo, decorram amplos e calmos, porque os princípios republicanos devem ser entendidos segundo a noção do momento e aquela egrégia Côrte está bem qualificada, sem as paixões do momento, para expressar tal noção, que se não deve confundir com a matéria própria e estritamente política, única, excluída da apreciação judicial — Veja-se, a propósito, Charles Hughes, — "The Supreme Court of U.S.66; pág. 33, 34 e seguintes.

Em qualquer caso, a disposição expressa excluirá dúvidas.

Palácio Tiradentes, 18 de junho de 1946 — **Aliomar Baleeiro**.

NOTA: — A emenda não foi acolhida, mas o princípio não é incompatível com o art. 8, parágrafo único da Constituição, quer a lei ou o regimento Interno do Supremo Tribunal o espose, quer o Estado contrarie, como interessado, a representação do Procurador Geral da República.

ATOS EXCLUÍDOS DO SÊLO FEDERAL

EMENDA N.º 1.490

Ao art. 128, inciso VI.

Suprimam-se as palavras:

"a compra e venda, a troca, a doação e a dação em pagamento, e bem assim".

JUSTIFICAÇÃO

A inclusão das palavras acima no dispositivo originou-se de emenda, na Comissão, com o objetivo expresso de excluir do impôsto de sêlo aquêles atos jurídicos sôbre os quais incidem os impostos estaduais de transmissão "inter-vivos" e vendas. E' o que se lê nos debates taquigrafados. Mas a redação dada à emenda tem como conseqüência excluir, do sêlo federal, sem fomento da justiça, troca, doação e dação em pagamento de móveis, que não estão reservados à competência dos Estados.

Em qualquer hipótese, as palavras acima indicadas são dispensáveis para o fim visado expressamente na sua inclusão, porque o § 5.º do art. 127 é suficientemente claro para resguardar do sôlo federal todos os atos sujeitos aos impostos de transmissão "inter-vivos" e de vendas:

"§ 5.º — Entre os instrumentos referidos no n. VI não se incluem os que tenham por objeto ato cuja tributação seja da competência privativa dos Estados".

Êsse dispositivo dispensa a redundância e o casuismo das palavras indicadas nesta emenda supressiva.

Palácio Tiradentes, 18 de junho de 1946 — **Aliomar Baleeiro.**

NOTA: — Lia-se no Projeto, art. 128; inciso VI, que a União gozaria de competência privativa para criar impostos sôbre "os instrumentos ou atos, regulados na substância, ou na forma, por lei federal, exceto a compra e venda, a troca, a doação e a dação em pagamento, e bem assim aquêles em que forem parte a União, os Estados, o Distrito Federal ou os Municípios, ou suas entidades autárquicas.

Venceu a emenda. Regula a matéria o artigo 15, § 5.º da Constituição, que exclui do sêlo federal, embora não os mencione, os atos jurídicos sujeitos a impostos estaduais de venda e transmissão inter-vivos ou causa mortis casuisticamente apontados no texto alvejado pela emenda n. 1.490.

COMPETÊNCIA PARA ORGANIZAÇÃO DA PROPOSTA ORÇAMENTÁRIA

EMENDA N.º 1.437

Ao art. 63 parágrafo único, incisc I:

Substitua-se as palavras.
"organizar a" pelas seguintes:
"Superintender a organização da".

JUSTIFICAÇÃO

A emenda assegura a responsabilidade e supervisão do Ministro da Fazenda sôbre o preparo da proposta orçamentária, mas não exclui a elaboração dessa proposta por uma repartição técnica à semelhança do "Bureau of Budget", dos Estados Unidos, nos têrmos da lei ordinária. Êsse órgão americano, criado pelo "Budget and Accounting Act 1921", funcionou desde ésse ano até 1939 sob a responsabilidade do Secretário do Tesouro, autoridade correspondente ao nosso Ministro da Fazenda, como uma divisão daquela Secretaria de Estado. Só depois de 1939, passou a funcionar, lá, sob a responsabilidade direta do Presidente da República.

Não há razões evidentes em prol dessa orientação americana tanto mais quanto, determinada pelo artigo 67 da Constituição de 1937, nunca teve efetividade, a despeito da existência do D. A. S. P.

Além disso, no sistema do projeto e em contraste com a Constituição Americana, os Ministros são responsáveis com o Presidente e obrigados a comparecer às Câmaras para informar sponte sua ou por convocação de qualquer delas.

A lei Americana de 1921 foi uma reação à desordem do projeto orçamentário organizado "a la diable" pelos comités do Congresso. No Brasil, a praxe, desde o Império, foi sempre a remessa da proposta mais ou menos metódica do Ministro da Fazenda ao Congresso. Logo não há porque importar o "Bureau" sob responsabilidade do Presidente.

Palácio Tiradentes, em 12 de junho de 1946 — **Aliomar Baleeiro.**

NOTA: — O art. 63, parágrafo único, inciso I do Projeto estava redigido do seguinte modo:

"Parágrafo único — Ao Ministro da Fazenda compete ainda:

I — Organizar a proposta geral do orçamento da receita e despesa para o que os demais Ministros de Estado lhe enviarão os elementos indispensáveis.

A Constituinte afastou-se não só da emenda senão também do Projeto: — eliminou o parágrafo único do art. 63, deixando o preparo da proposta à responsabilidade do Presidente da República. A prática revelou a facilidade com que surgem emulações entre o D.A.S.P. e o Ministro da Fazenda.

LIMITES LITIGIOSOS ENTRE ESTADOS

EMENDA N.º 1.387

Ao art. 3.º, inciso III:
Substitua-se pelo seguinte:
"III — Resolver definitivamente sôbre os limites do território nacional com outras nações.

JUSTIFICAÇÃO

A União resolva os limites do território nacional com o estrangeiro, mas não se envolva nas disputas de limites entre os Estados, ressalvados os fatos que caracterizarem casos de intervenção federal (art. 117, I, ns. III, IV e V). Os Estados devem ser mantidos nos seus limites atuais. Havendo dúvidas, êles que as resolvam por acôrdo (inclusive por plebiscito), arbitramento ou pelos meios judiciais normais, perante o Supremo Tribunal Federal, órgão competente nos têrmos do art. 77, I, d.

Palácio Tiradentes, 18 de junho de 1946 — **Aliomar Baleeiro**.

NOTA: — Dispunha o Projeto que competiria à União "resolver definitivamente sôbre os limites dos Estados, do Distrito Federal e dos Territórios e sôbre os do território nacional com outras nações" (art. 3, III).

Prevaleceu o princípio inspirador da emenda pelo art. 6 das Disposições Transitórias, respeitada a autonomia dos Estados e ressalvada a competência do Supremo Tribunal Federal para julgamentos das questões de limites entre êles.

CONTROLE DE BRASILEIROS SÔBRE MINAS E ENERGIA HIDRO-ELÉTRICA.

EMENDA N.º 1.145

Ao art. 164, § 9, inciso I:

Substituam-se as palavras "ou a emprêsas organizadas no país pelas seguintes: "ou a emprêsas, de que brasileiros tenham a direção e a maioria das ações com voto".

JUSTIFICAÇÃO

I — Ora, se o espírito do dispositivo é, bem ou mal, conceder a brasileiros o privilégio das autorizações ou concessões, para o aproveitamento das minas e quedas dágua, a cláusula "emprêsas organizadas no país", inserta no projeto, não exclui a possibilidade delas aqui se organizarem com a maioria e até a totalidade das ações ou cotas sociais em nome e poder de estrangeiros.

II — A emenda determina que só a brasileiros, ou emprêsas controlados por brasileiros, sejam dadas aquelas concessões, pois do contrário os estrangeiros poderiam obtê-las através de sociedades anônimas aqui organizadas, ou mesmo de outras modalidades de sociedades.

III — Dir-se-á que a emenda afugentará capitais estrangeiros. Mas êstes devem ser compensados apenas pelos juros e dividendos. Devem servir-nos e não se servirem de nós. Juros e dividendos acomodam-se perfeitamente a fórmulas jurídicas em que as emprêsas sejam controladas por brasileiros, como titulares da maioria das ações comuns, isto é, com voto. Os capitais estrangeiros que se invertam em debentures, ações preferenciais e outros títulos sem voto, nem contrôle das emprêsas. Técnicos estrangeiros dessas emprêsas exercerão funções exclusivamente técnicas com a remuneração justa por meio de salários, comissões e até partes beneficiárias. Mas que se reserve a brasileiros o contrôle das emprêsas.

Palácio Tiradentes, em 12 de junho de 1946 — **Aliomar Baleeiro — Rui Santos — Luiz Viana.**

NOTA: — O art. 164, § 9, inciso 9 do Projeto estatuía que o aproveitamento industrial das minas, jazidas, aguas e energia hidráulica dependeria de concessão federal, acrescentando:

"I — As autorizações ou concessões serão conferidas exclusivamente a brasileiros, ou a emprêsas organizadas no país, assegurada ao proprietário preferência à exploração ou comparticipação nos lucros".

Não vingou a emenda: — o assunto está regulado pelo art. 153, § 1.º, da Constituição.

O assunto voltou à baila a propósito do incidente Artur Bernardes sôbre a exploração do petróleo.

EMENDAS COM PARECER FAVORÁVEL

Emendas	Autores	Prop. orçam.	Emenda	Aumento	Economia
5.214	Deputado José Bonifácio e João Cleofas	250.000	150.000	—	100.000
5.215	" Horácio Lafer	—	80.000	80.000	—
5.219	" "	—	52.000	52.000	—
5.220	" "	—	52.000	52.000	—
5.225	" "	—	52.000	52.000	—
5.226	" "	—	52.000	52.000	—
5.228	" "	—	52.000	52.000	—
5.229	" "	—	52.000	52.000	—
5.230	" "	—	52.000	52.000	—
5.233	" "	—	52.000	52.000	—
5.234	" "	—	52.000	52.000	—
5.235	" "	—	52.000	52.000	—
5.237	" "	144.000	288.000	144.000	—
5.238	" "	—	500.000	500.000	—
5.239	" Dioclécio Duarte, José Augusto e Walfredo Gurgel	2.170.000	10.000.000	1.330.000	—
5.240	Deputado Horácio Lafer	—	600.000	500.000	—
5.245	" Lameira Bittencourt	54.000	200.000	146.000	—
5.246	" Dioclécio Duarte	—	300.000	300.000	—
5.254	" Horácio Lafer	500.000	1.500.000	1.000.000	—
5.250	" "	150.000	250.000	100.000	—
5.253	" Dolor de Andrade	6.000.000	6.000.000	—	6.000.000
				4.620.000	6.100.000

Redução decorrente das emendas de plenário com parecer favorável 1.480.000

VERBA 2 — MATERIAL

25 — Matérias primas e produtos manufaturados ou semi-manufaturados destinados a qualquer transformação.
    04 — Departamento de Administração:
        03 — Divisão do Material 972.000

26 — Produtos químicos, farmacêuticos e odontológicos; adubos em geral e corretivos; inseticidas e fungicidas; artigos cirúrgicos e outros de uso nos laboratórios em geral.
    04 — Departamento de Administração:
        03 — Divisão do Material 909.000

28 — Vestuários, uniformes e equipamentos; artigos e peças acessórios; roupa de cama, mesa e banho; tecidos e artefatos.
    04 — Departamento de Administração
        03 — Divisão do Material 1.169.000

Total da Consignação II 12.508.400

(Continúa)

CONSIGNAÇÃO III — DIVERSAS DESPESAS: (Continuação)

29 — Acondicionamento e embalagem; armazenagem, carretos, estivas capatazias; transporte de encomendas, cargas e animais, alojamento e alimentação dêste e de seus tratadores em viagens; seguros de transporte.
    04 — Departamento de Administração.
        03 — Divisão do Material 252.500

30 — Água e artigos para limpeza e desinfecção; serviços de asseio e higiene; lavagem e engomagem de roupas; taxas de água, esgôto e lixo.
    04 — Departamento de Administração.
        03 — Divisão do Material 1.469.600

31 — Aluguel ou arrendamento de imóveis; seguros de bens móveis e imóveis.
    04 — Departamento de Administração.
        03 — Divisão do Material 2.560.000

32 — Assinatura de órgãos oficiais.
    04 — Departamento de Administração.
        03 — Divisão do Material 35.480

(Continúa)

				(Continuação)
33 — Assinatura de recortes de publicações periódicas.				
04 — Departamento de Administração.				
03 — Divisão do Material				80.000
35 — Despesas miúdas de pronta paga.				
01 — Gabinete do Ministro				36.000
04 — Departamento de Administração:				
	01 — Diretoria Geral		6.000	
	05 — Divisão do Orçamento		7.000	
	06 — Divisão do Pessoal		2.800	
	07 — Administração Pal. do Trab.		10.000	
	08 — Serviço de Comunicações		2.000	27.800
06 — Serviço de Documentação				10.000
07 — Secção de Seg. Nacional				1.200
10 — Comissão de Metrologia				1.000
12 — Serviço Atuarial				1.000

(Continúa)

(Continuação)

14 — Conselho de Rec. da Prop. Industrial 600
15 — Delegacias Regionais 33.500
16 — Delegacias do Trab. Marítimo 8.000
17 — Departamento Nacional de Imigração:
    02 — Hosp. de Imig. Ilha Flores 24.000
    03 — Hosp. de Migrantes 6.300   30.300
18 — Departamento Nacional de Indústria e Comércio.
    01 — Departamento Nacional Indústria e Comércio 6.000
    02 — Junta de Corret. Merc. D. F. 2.400
19 — Departamento Nacional da Propaganda Industrial 3.000
20 — Departamento Nacional Seg. Priv. e Cap. 7.700   8.400
21 — Departamento Nacional do Trabalho.
    01 — Diretoria Geral 6.000
    03 — Div. Hig. Seg. do Trab. 20.000
    05 — Serv. de Ident. Profis. 6.000   32.000

DIREITO FINANCEIRO

EMENDA N.º 938

Ao art. 4, alínea I: Acrescente-se, depois da palavra "eleitoral", o seguinte:
— "financeiro".

JUSTIFICAÇÃO

Embora o direito seja um só, admitem-se divisões e sub-divisões por vários motivos práticos, tornando-se o desmembramento tanto mais freqüente quanto mais complexas se apresentam as relações sociais na civilização contemporânea.

A emenda, partindo dessa preliminar, pretende atribuir à União a competência para legislar sôbre o direito financeiro, como tal entendido o conjunto de regras jurídicas que regulam as obrigações tributárias e orçamentárias em geral, desde o momento em que se formam até aquêle em que se extinguem. Pelo enorme desenvolvimento dos sistemas fiscais contemporâneos, essas regras formam, hoje, um todo orgânico, com caracteres próprios e específicos, freqüentemente diversos e inconfundíveis relativamente aos do direito comum, já na caracterização dos institutos dêste para fins fiscais, já nos processos de hermenêutica em regra inspirado pelo alcance econômico da interpretação em cada hipótese.

Os primeiros juristas brasileiros que se ocuparam dos problemas fiscais — Silva Maia e José Maurício Fernandes Pereira de Barros — intitularam de "direito financeiro" as suas obras.

Admite-se, entretanto, que a autonomia do direito financeiro tenha como ponto de partida a obra austríaca de Myrbach Rheinfeld, bastante divulgada entre nós pela tradução francesa de 1910. Mas, hoje, são incontáveis os mestres e legislações que aceitam o conceito de autonomia do direito financeiro, tanto em relação ao direito comum, privado, senão também em frente ao direito administrativo.

Pouco importa que escritores, aliás poucos, e dentre êles, Ingrosso, sustentem a filiação do Direito Financeiro ao Direito Administrativo, ou que outros como Geny, Pilon e civilistas francêses reivindiquem a subordinação ao Direito Privado, ensejando memorável polêmica com Trotabas, um dos mais ardorosos defensores daquela autonomia.

Acima dos doutrinadores estão os fatos: — acentua-se, nos países civilizados, a tendência para a codificação do direito financeiro e a sua interpretação e aplicação segundo a conceção autonômica. E' o caso da codificação alemã — "Reichsabgabeordnung", de 1919, cometida a Eno Becker, ou da mexicana recente, inspirada pela obra de Mário Pugliese, tão difundido entre nós. Cito essas por terem surgido em países federais. E na Argentina há grande esfôrço nesse sentido, merecendo menção, dentre outros projetos, o de Giuliani Fonrouge, sob os auspícios do "Centro de Investigación Permanente de Derecho Financiero", da Universidade de Buenos Aires.

Claro que a emenda não tem o mais mínimo propósito de consagrar determinada orientação acadêmica: — visa disciplinar uniformemente em todo o país as regras gerais sôbre a formação das obrigações tributárias, prescrição, quitação, compensação, interpretação, etc., evitando o pandemônio resultante de disposições diversas não só de um Estado para outro, mas até, dentro do mesmo Estado, conforme seja o tributo em foco. Raríssimas pessoas conhecem o direito fiscal positivo do Brasil, tal a Babel de decretos-leis e regulamentos colidentes na sua orientação geral.

A necessidade de atribuir-se à União a competência para legislar sôbre direito financeiro foi nitidamente percebida pela Comissão Constitucional quando determinou que uma lei federal regularia a contribuição de melhoria (art. 133, parágrafo único, "in fine").

Claro que a competência federal não exclui a competência complementar, ou subsidiária, que não contrarie as leis da União, nem a competência específica para ditar o direito administrativo estadual.

Palácio Tiradentes, 12 de junho de 1946. — **Aliomar Baleeiro — Rui Santos — João Mendes — Luiz Viana**.

NOTA:

A emenda foi aprovada, ficando entregue à União a competência para legislar sôbre "normas gerais de direito financeiro" e reconhecida expressamente a autonomia dêsse ramo jurídico (Vêr art. 5, XV, letra "b" da Constituição).

Coerentes com as idéias expostas no Relatório da Subcomissão de Discriminação de Rendas, oferecemos na sessão de 8 de abril de 1946, à Comissão da Constituição, emenda para que o direito financeiro se incluisse na competência legislativa do Congresso:

"O SR. ALIOMAR BALEEIRO — Envio a V. Excia. Sr. Presidente, emenda aditiva, no sentido de acrescentar-se à alínea XVIII, depois da palavra "aérea" a palavra "financeira". Assim se atribui ao Poder Legislativo federal competência para legislar sôbre direito financeiro.

Evidentemente, essa competência não exclui a legislação subsidiária e complementar dos Estados nem, muito menos, o direito que os Estados têm de expedir regulamentos internos de execução.

A emenda envolve questão doutrinária — a da autonomia do direito financeiro, como ramo que deva constituir atribuição da União. Evidentemente reconheço essa autonomia e, como tal, respondo a quaisquer objeções que tentem excluir esse direito pelo fato de já estar contido no direito administrativo. Com esta referência, quero sobretudo, responder, de antemão ao Sr. Representante Mário Masagão, eminente professor de São Paulo, com quem troquei idéias sôbre o assunto, e de quem ouvi crítica sôbre minha atitude doutrinária.

"O SR. ALIOMAR BALEEIRO — Nêste caso, coloco-me na posição do Deputado Soares Filho, deixando minha emenda como nota prévia, para renová-la mais tarde. Mas quero, sobretudo, pedir a atenção dos ilustres colegas para a circunstância de que, desde que já reconhecemos no caso uma tendência nítida para considerar o direito financeiro, como modalidade, parte, ramo, capítulo do direito administrativo, e ainda de que, como êsse direito administrativo figura, sem dúvida, na competência dos Estados, poderemos ter a repetição pelos tempos afóra, da velha pendência dos Estados quererem legislar sôbre institutos do direito financeiro, criando essa multiplicidade de relações e mesmo ensejando inúmeras controversias de que os nossos Anais de jurisprudência estão repletos.

Exemplo: a questão de compra e venda. Há um impôsto que recai sôbre as compras e vendas. Vários Estados a equipararam à empreitada. A meu ver fizeram bem, porque, do ponto de vista econômico, há capacidade para isso. Nós, entretanto, que militamos no fôro diàriamente, sabemos que não obstou várias instâncias judiciárias equiparassem os dois contratos, vacilando a jurisprudência até que, submeteu a empreitada aos mesmos impostos instituídos para a compra e venda, a despeito de serem contratos nominados inconfundíveis pelo direito comum.

O mesmo poder-se-á dizer da prescrição e de vários institutos do direito comum que, transportando-se para o direito financeiro, tomam conceito próprio e diferente do que têm naquêle direito comum.

Por outro lado temos necessidade de traçar as linhas gerais do direito financeiro para que todos os impostos formem entre si um sistema. Enfim deixo tudo isso à consideração da Assembléia. A meu vêr a emenda Ferreira de Sousa não tem amplitude tamanha que, nela se possa incluir o direito financeiro em seu aspecto substantivo. A matéria é de certa natureza doutrinária e haverá inconvenientes práticos em incluir o direito financeiro como quer o nobre colega Masagão, no direito administrativo, o que terá como conseqüência imediata dar aos Estados competência para legislar sôbre aquêle direito financeiro.

"O SR. BALEEIRO — Sr. Presidente, insistindo na defesa desta emenda, que visa incluir na competência privativa da União a de legislar sôbre o direito financeiro, já agora a minha intenção é mais de deixar material legislativo de interpretação, de maneira que os futuros aplicadores desta Constituição que aqui se faz, possam vêr qual foi seu espírito. Enfim, se quiserem conscientemente que a União trace as normas gerais do direito financeiro, ou se preferem que essa competência fôsse entregue ao Estado.

Seria impertinência minha, numa Comissão erudita como esta, onde há eminentes professores, dizer o que é direito financeiro, sua gênese, seus expoentes, suas construções doutrinárias, legislativas, jurisprudencias, nesta altura. Entretanto, como nesta Comissão há também médicos eminentes como o Sr. Raul Pila, missionários e homens de negócios, como o Sr. Sousa Costa, não será veleidade minha chamar a atenção para que, nesta altura do desenvolvimento do direito, já se não pode dizer que o direito administrativo compreende também o direito financeiro, como aqui se tem dito.

Evidentemente, na administração dos impostos, na sua técnica, na maneira de estabelecer as tarifas, os prazos, as faculdades arrecadadoras, a competência administrativa, há margem grande para o direito administrativo em matéria fiscal. Mas o direito financeiro disciplina outras coisas, traça os princípios gerais, sobretudo intervem no campo do direito comum, privado. Dá uma luz diferente, um colorido próprio às instituições e institutos de direito privado. Determinados contratos, determinadas prescrições que, pelas tradições clássicas, seculares, são de direito privado, perdem seu sentido e seu conceito próprio, quando passam a enquadrar-se no direito financeiro.

Tive oportunidade de exemplificar ontem, aqui, com dois casos do próprio direito brasileiro. Existe o contrato nominal de compra e venda, que não há pessoa que não conheça, como existe, no direito de todos os povos, o contrato de empreitada. Ninguém os confunde. Entretanto, no direito financeiro, foi feita equiparação de um ao outro, e manda-se tributar o contrato de empreitada como se fôsse de compra e venda. E, além disso, a jurisprudência dos tribunais ainda é vacilante. Posso afirmar com certeza que existem julgados no Tribunal de São Paulo nêsse sentido, como também no sentido opôsto. E isso dizia eu, ontem, em conversa com o Deputado Mário Masagão.

Depois da guerra, procurou-se desenvolver o aparelhamento tributário por parte dos Estados, complicando-se as relações entre contribuintes e fisco. O fisco surpreende a riqueza, a capacidade de pagar sob tôdas as formas em que se manifesta. Daí, o movimento em prol da autonomia privada do direito financeiro.

Hoje existe a êste respeito literatura imensa muito conhecida do mundo jurídico brasileiro.

Existe a codificação do direito financeiro, da Alemanha, de 1919, e do México; existem códigos em preparo na Suissa e em vários países. Procura-se mesmo criar contencioso próprio, processo próprio, vida própria para disciplinar as regras entre o fisco e o contribuinte. Havendo necessidade de que tôdas essas regras se uniformizem, estabelecendo-se o regime de que o direito financeiro e suas normas gerais deveriam ser entregues à competência da União, sem prejuízo, evidentemente, dos Estados, poder-se-iam enumerar as leis de caráter administrativo sôbre a técnica de arrecadar os impostos. Não pretendo dizer que tenho a certeza de estar indicando as prescrições doutrinárias mais corretas. Não tenho essa veleidade. O que desejo, sobretudo, é que a Comissão vote com o conhecimento de causa, meditando na existência de um problema sério, de graves conseqüências, de caráter prático. Para mim, existe o direito financeiro autônomo que se despregou do bloco do direito em geral, como aconteceu com o direito administrativo no século passado, como aconteceu com o direito comercial há 4, 5 ou 6 séculos, e nos vários ramos, que conquistaram sua existência autônoma.

"O SR. ALIOMAR BALEEIRO — Sai do direito comum. Não é administração financeira, é maneira de encarar o instituto de direito comum à luz do direito financeiro, criando um todo harmonioso e independente da conceituação do direito comum civil, comercial e até penal.

"O SR. ALIOMAR BALEEIRO — No século 17 foi expedido pela Corôa Portuguesa um regulamento que dizia: "Quando colidirem as disposições dêste regulamento com as das Ordenações, aplicam-se as do regulamento" — e não diz "das Ordenações". E' o reconhecimento da autonomia do direito financeiro. E' curioso que no Brasil, na primeira metade do século 19, dois livros surgiram sôbre direito financeiro: os livros de Silva Maia e de José Maurício Per. Fernandes Barros.

(Anais da Comissão da Constituição, vol. 1.º pág. 215 e seguintes):

Rejeitada essa emenda, a Comissão, todavia, sentiu que a cntribuição de melhoria deveria ser regulada por lei federal, obrigatória para os Estados e Municípios (Projeto, art. 133 parágrafo único) e também que os orçamentos estaduais e municipais deveriam obedecer aos mesmos princípios do orçamento federal (Diário da Assembléia, 16-5-1946, pág. 1.767 e seg.). Renovado o debate com a emenda n. 938 foi ela aprovada e desapareceram, na coordenação, por supérfluas, as referências a leis especiais sôbre contribuição de melhoria e padrões orçamentários.

IMPÔSTO SÔBRE
A VALORIZAÇÃO
EVENTUAL DE IMÓVEIS

EMENDA N.º 1.500

Ao art. 131, inciso II — acrescente-se: "inclusive sôbre a valorização eventual da propriedade imóvel".

JUSTIFICAÇÃO

Nos países novos e até mesmo nos velhos, é notória a rápida e espantosa valorização dos imóveis, mesmo independentemente de obras públicas, que justificariam a cobrança da contribuição de melhoria. Êsse acréscimo de valor tem sido tributado alhures, especialmente na Inglaterra ("unearned increment", de Lloyd George), em Alemanha e colônias, em Marrocos, etc.

É um tributo novo que, evidentemente, exige técnica especial, a ser adquirida prudentemente.

Contemplou-o o projeto da Sub-Comissão. A Comissão suprimiu a referência expressa, talvez porque reputasse implícito na competência para arrecadar os impôstos territorial e predial.

Nêsse interim, a União criou-o empiricamente, sem observância daquela técnica delicada, a 10 do corrente, na base de 8 % sôbre diferença de valor entre o prêço da venda atual e a aquisição anterior, mencionando apenas e insuficientemente algumas das deduções admissíveis.

Entretanto êsse impôsto deve caber aos Municípios, como todos de base estreita, influenciáveis pelas peculiaridades de cada zona. Que a União o contemplasse através de impôsto de renda, como rendimento aleatório, vá. Mas como o fêz, é indefensável.

Além disso, as valorizações imobiliárias, em regra, desde que surgem do complexo de serviços públicos municipais e do desenvolvimento demográfico das cidades, deveriam caber de justiça aos Municípios. Na hipótese, que partilhem entre si a União, Estados e Municípios. Nunca àquela sòmente.

Palácio Tiradentes, em 12 de junho de 1946 — **Aliomar Baleeiro**.

NOTA: — A emenda não foi acolhida porque a Comissão entendeu que a cláusula que atribui à União o impôsto de renda e proveitos de qualquer natureza abrange também o tributo de que trata a emenda.

PERDA DE CIDADANIA

EMENDA N.º 1.515

Ao art. 148, inciso II:
Substitua-se pelo seguinte:
"II — Que prestar a govêrno estrangeiro informações ou serviços contrários à defesa e à segurança da nação".

JUSTIFICAÇÃO

Creio que há receios infundados quanto ao fato de brasileiro aceitar comissão, emprêgo ou pensão de govêrno estrangeiro. Dentro ou fora do país, isso poderá acontecer em muitas circunstâncias justificáveis, sem o mais mínimo inconveniente para os interêsses nacionais.

Se houver tal oportunidade para brasileiro e êle aguardar licença do Presidente da República, nas mais das vêzes não obterá despacho em tempo útil.

O problema é outro: — brasileiro, que recebendo ou não propinas, prestar a govêrno estrangeiro ajudas, informações ou quaisquer serviços contrários à defesa ou segurança do país, hipótese que o projeto não previa. Nesse caso, perca a nacionalidade, sem prejuízo das penas criminais em que incorrer.

Palácio Tiradentes, em 18 de junho de 1946. —
Aliomar Baleeiro.

NOTA: — A matéria está regulada pelo art. 130 da Constituição que não aproveitou a emenda 1515.

**ASSISTÊNCIA
RELIGIOSA**

EMENDA N.º 1.525

Ao art. 159 — Substitua-se o § 12, pelo seguinte:
Sempre que solicitada, será permitida a assistência religiosa nos quartéis, nos hospitais, nas penitenciárias e em outros estabelecimentos oficiais de internação, sem ônus para os cofres públicos, nem constrangimento ou coação dos assistidos. Nas expedições militares, em tempo de guerra, a assistência poderá ser remunerada, mas sòmente sacerdotes brasileiros natos se admitirão a exercê-la.

JUSTIFICAÇÃO

E' reprodução da Constituição de 1934, art. 113, n.º 6, permitindo-se, entretanto, excepcionalmente, a remuneração nas expedições militares em guerra.

Palácio Tiradentes, em 18 de junho de 1946. —
Aliomar Baleeiro.

**CONVICÇÕES
FILOSÓFICAS
E RELIGIOSAS**

EMENDA N.º 1.526

Ao art. 159 — Acrescente-se mais um inciso:
N.º:::) — Por motivo de convicções filosóficas, políticas ou religiosas, ninguém será privado dos seus direitos, salvo o caso do art. 153, § 2.º, II.

JUSTIFICAÇÃO

E' reprodução do art. 113, n.º 4 da Constituição de 1934. Não é possível que, na Declaração de Direitos, retrocedamos do ponto até onde já estivemos, para vivermos num regime de obscurantismo, semelhante ao da Espanha, do ditador Franco.

Palácio Tiradentes, em 18 de junho de 1946. — **Aliomar Baleeiro**.

TERRAS NÃO APROVEITADAS E IMPÔSTO PROGRESSIVO

EMENDA N.º 1.553

Ao art. 164: Suprima-se o § 18.

JUSTIFICAÇÃO

I — É disposição supérflua, porque, evidentemente se fôr expungida do têxto, o Estado não ficará impedido de desapropriar quaisquer terras, aproveitáveis ou não, em casos de necessidade ou utilidade pública, a fim de dar-lhes emprêgo, mais compatível com o interêsse social, — o que resulta do art. 164, § 4.

II — Permanecendo no têxto, poderá admitir interpretação a "contrário sensu" de que não serão objeto de desapropriação as terras não aproveitáveis para a exploração agrícola ou pecuária, ou que se não desapropriam as terras aproveitadas, ou ainda as que não forem beneficiadas por obras de irrigação e saneamento.

III — Pelo sistema do projeto, se tais terras foram valorizadas por obras públicas, o proprietário está sujeito ao pagamento da contribuição de melhoria de modo que se não locupletará em detrimento do erário. Ora, se tal proprietário fica sujeito a êsse gravame tributário, porque se há de compeli-lo a utilizações, que talvez não sejam de seu interêsse, desde que, com isso, não prejudica à coletividade?

Se êle prejudica a todos, então, não há necessidade de disposição específica porque o poder de polícia arma o Estado de diferentes medidas para êsses e todos c. casos de emprêgo anti-social da propriedade.

IV — Por outro lado é infeliz a referência ao impôsto territorial progressivo, aí usado como pena. A graduação progressiva pode e deve ser aplicada aos diversos impostos previstos na Constituição conforme os fins visados pelo legislador e não há razão para menção expressa nesse caso do § 18 se não foi feita, com acêrto aliás, nos demais.

A progressividade do impôsto territorial, em regra, é recomendável contra o latifúndio. Ora, o inaproveitamento pode suceder em pequenas áreas pertencentes a diferentes proprietários: — seria inócua, nessa hipótese, a providência a que se refere êsse § 18 "in fine".

Palácio Tiradentes, em 12 de junho de 1946 — **Aliomar Baleeiro.**

NOTA: — Dispunha o art. 164, § 18 do Projeto:
"As terras aproveitáveis, para exploração agrícola ou pecuária, e não aproveitadas, nas zonas de maior densidade demográfica, bem como as terras beneficiadas por obras de irrigação ou de saneamento, poderão, mediante lei especial ser desapropriadas, para o fim de sua divisão, nos têrmos que as condições dessa exploração aconselharem. Precedendo a desapropriação será

estabelecido pelo prazo de cinco anos o impôsto territorial progressivo".

Prevaleceu a supressão sugerida na emenda. A Constiuição provê ao assunto já pela desapropriação genérica em nome do "interêsse social" (art. 141, § 16), que restringe o direito de propriedade, já pelo art. 147:

"O uso da propriedade será condicionado ao bem estar social. A lei poderá com observância do dispôsto no art. 141, § 16, promover a justa distribuição da propriedade com igual oportunidade para todos."

Essa disposição póde armar democràticamente qualquer partido para a mais ousada política de refórma social, tanto mais quanto a desapropriação seria custeiada por impostos pessoais e progressivos, isto é, graduados pela capacidade econômica do contribuinte, como recomenda o art. 202.

INTERVENÇÃO E DÍVIDA EXTERNA

EMENDA N.º 1.892

Ao art. 117, inciso VII (sétimo).
Acrescente-se in fine:
"externa".

JUSTIFICAÇÃO

I — Ao Estado embaraçado financeiramente a União deve dar, em regra, dinheiro e não a problemática e duvidosa competência de seus interventores, até porque a administração federal está longe de ser modêlo de pontualidade. Já incorreu naquele estado, que os financistas chamam de "falência". E' mais grave para a coletividade a suspensão do pagamento dos professores e outros funcionários do que a interrupção do pagamento dos juros de apólices. Nos Estados Unidos e em outras federações são de costume as subvenções financeiras do govêrno federal aos Estados: "grants in aid", como chamam por lá.

II — Compreende-se que a União possa ter interêsse no crédito externo dos Estados, porque, abalado, refletir-se-ia no do Tesouro Federal. Daí a emenda limitando a intervenção aos casos de impontualidade da dívida externa dos Estados, que, para contraí-la, necessitam de autorização do Senado (art. 127, n.º XIII). Fora dêsse caso, não há razão para que se crie um privilégio em favor de determinada classe de credores dos Estados, deixando as outras sob a proteção das medidas normais. Se portadores de títulos estaduais não recebem juros e amortizações, recorram aos meios judiciais, intervindo-se apenas se o Estado se recusa ao cumprimento da sentença condenatória (art. 117, n.º V). A melhor sanção contra os que não honram o crédito é a denegação dêsse crédito. Os credores que o meçam bem antes de comprar apólices estaduais. De qualquer modo, o dispositivo, como está, abre a porta aos pretextos para intervenções, causa do fracasso da democracia brasileira, embora não a única.

Sala das Sessões, 18 de junho de 1946 — **Aliomar Baleeiro**.

NOTA: — O Projeto autorizava a intervenção federal "para reorganizar as finanças do Estado que sem motivo de fôrça maior, suspender, por mais de dois anos consecutivos, o serviço de sua dívida fundada". Venceu a emenda: - o art. 7 alínea VI da Constituição só permite a intervenção em caso de suspensão do serviço da dívida externa.

ISENÇÃO DOS CONCESSIONARIOS DE SERVIÇOS PÚBLICOS

EMENDA N.º 1.908

Ao art. 127 — Suprima-se o inciso X, que diz: "Os serviços públicos concedidos não gozam de isenção tributária salvo a outorgada por lei especial do govêrno tributante".

JUSTIFICAÇÃO

I — Essa regra surgiu da Carta de 1937 e teve como conseqüência que Estados e Municípios cairam sôbre estradas de ferro concedidas, exigindo impôsto territorial sôbre o terreno ocupado pelo leito da linha. impôsto predial sôbre os edifícios das estações, etc.

Até em São Paulo ocorreu isso, a julgar por um memorial impresso, distribuído entre os Srs. Constituintes por várias emprêsas ferroviárias daquêle Estado.

II — Na verdade, as emprêsas concessionárias não sofrem o sacrifício da maiora dos impôstos que govêrnos apliquem aos seus bens e serviços, porque a Constituição lhes garante tarifas, que cubram tôdas as despesas gerais (e os tributos se incluem entre estas) e ainda assegurem justa remuneração ao capital (Projeto, artigo 164, § 7.º; Constit. de 1937, art. 147; Const. de 1934, art. 137).

III — Não deve ficar ao critério dos "poderes tributantes" conceder ou não isenções e reduções de impostos às emprêsas concessionárias de serviços públicos por dois perigos opostos, mas igualmente nocivos e contrários ao interêsse público: a) mais facilidade das emprêsas corrutoras para obterem favores injustos e graciosos de maioria eventuais e desmoralizadas de uma Câmara de Vereadores; b) tendência oposta de fiscalismo cego e extorsivo sôbre serviços do interêsse geral, como denunciam aquelas emprêsas de São Paulo.

Para evitar ambos os escolhos, apresentamos outra emenda que atribui à União isentar ou limitar impostos estaduais e municipais sôbre coisas ou atividades que se vinculem a fins atribuídos pela Constituição à competência federal (telégrafos, estradas de ferro, etc — Projeto, arts. 3.º, 4.º, 5.º, etc.).

Não há perigo de se prejudicarem os interêsses locais porque: a) tôdas as regiões têm representação no Congresso Nacional; b) a igualdade de representação no Senado resguarda os Estados menos populosos contra a pressão dos mais fortes pela maior representação na Câmara. E' de crer-se que a isenção ou redução, na competência do Congresso, evitará que o fisco local tombe nos dois males opostos a que já nos referimos.

Como está, o dispositivo anula o princípio básico e tradicional (vem de 1891) contido no inciso V, "a" do art. 127: — o de não poder uma pessoa de direito público viver às custas dos serviços de outra.

Sala das Sessões, 9 de junho de 1946 — **Aliomar Baleeiro.**

NOTA: —

A Constituinute não suprimiu o dispositivo, mas também não o conservou como figurava no Projeto..A solução adotada contém-se no art. 31, V, "a" e parágrafo único, que reflete a nossa emenda n.º 1925.

Diz a Constituição no parágrafo único do art. 31:

"Os serviços públicos concedidos não gozam de isenção tributária, salvo quando estabelecida pelo poder competente ou quando a União a instituir em lei especial, relativamente aos próprios serviços, tendo em vista o interêsse comum."

Por outras palavra, o poder concedente só poderá decretar a isenção dos tributos de sua própria competência, mas a lei federal poderá outorgar isenção de impostos estaduais e municipais para concessionários de serviços da União, desde que tais serviços sejam também de interêsse do Estado ou do Município. Não pensa do mesmo modo Pontes de Miranda em seus "Comentários" (vol. I, p. 511). Mas a inteligência aqui defendida foi exatamente a que, em plenário, deu o Relator Geral da Constituição, deputado Costa Netto, sem qualquer protesto, quando a provocamos para que constasse dos Anais o sentido dado ao têxto daquêle art. 31, parágrafo único (Vêr Des. José Duarte, "A Constit. Brasileira de 1946", vol. 1.º, pág. 576).

(Vide Emenda 1925).

**CONCESSIONÁRIOS
DE SERVIÇOS FEDERAIS**

EMENDA N.º 1.925

Ao art. 127 — Acrescente-se mais um inciso:

N.º .... — A lei federal só poderá conceder isenções ou limitações de impostos reservados à arrecadação dos Estados e Municípios se tiver o objetivo de proteger ou preservar atividades ou coisas, vinculadas aos fins atribuídos, por esta Constituição, à competência da União".

JUSTIFICAÇÃO

1 — Sempre que possível a Constituição deve cortar fontes de litígios e de incertezas em matéria tributária. Mais detrimentosa do que a tributação excessiva, é a legislação que sujeita o contribuinte de boa fé a multas e dúvidas porque disposições legais lhe acenam com isenção ou redução de impostos mais tarde contestadas.

Os livros e os repositórios de jurisprudência dão notícia de que, desde há muito, provoca discussões e demandas a dúvida em torno da constitucionalidade de leis federais, que concedem isenções ou reduções de impostos da competência privativa dos Estados e Municípios.

Carlos Maximiliano, com a sua autoridade, a maior dentre os constitucionalistas brasileiros vivos, inclinou-se para a afirmativa: "A isenção geral de impostos, assegurada pela União, obriga os Estados, e a concedida por êstes deve ser acatada pelos Municípios" (Comentários, 3.ª ed., pág. 260). Bevilaqua e Carvalho de Mendonça (J. X.) puzeram em dúvida o princípio, mas pronunciaram-se favoràvelmente à isenção que as caudas orçamentárias federais davam ao Banco do Brasil, frente a Estados e Municípios (Ver. p. ex., L. 3.644, de 1918 e "Soluções Práticas", do primeiro, v. II, página 44) Sá Filho, ultimamente, manifestou-se contra o ponto de vista de Maximiliano.

II — Alguns tribunais (São Paulo, Bahia, Estado do Rio e outros) reconheceram a constitucionalidade de várias leis federais, que outorgam favores em relação aos impostos das outras pessoas de direito público (Por exemplo: Dec-lei 22.239, de 1932; 581 de 1936, 5.893, de 1943 e 6.274 de 1944 sôbre cooperativas; Código de Minas, art. 68; Código de Trânsito, em favor de automóveis movidos a álcool e gasogênio; Dec. 771, de 1939, sôbre restaurantes openrários: dec. 20.914, de 1932, sôbre emprêsas de aeronáutica, etc. etc.).

Enfim, o Supremo Tribunal Federal disse a última palavra com o acórdão de 24 de janeiro de 1945, publicado no Arquivo Judiciário, volume 75, página 109, pelo qual, contra o voto apenas do eminente Ministro Filadelfo Azevedo, sustentou a constitucionalidade da isenção de impostos estaduais e municipais concedida por lei federal. Tratava-se de taxa de aferição de balanças exigidas por um Município paulista à "Panair do Brasil" (Dec. 20.944).

III — Êsses precedentes nacionais abundantes nos dispensam de invocar os americanos. Recordemos, entretanto, que o problema, nos Estados Unidos, se situaria no campo dos "poderes implícitos" ou "tácitos", reconhecidos à União, segundo teoria que, acreditamos, achou seus primeiros expositores em Hamilton e Marshall (Maryland "versus" Mc. Culloch). Se a União recebeu da Constituição um fim ou atribuição (p. ex. regular o comércio, a circulação monetária, etc.), está armada implicitamente de todos os meios adequados para êsse fim, inclusive os tributários (p. ex., isentar de impostos estaduais um banco; ou tributar as cédulas de outro banco, ainda que pertencente a Estado: caso Veazie Bank "versus" Fenno).

IV — Mas essa teoria aceita com amplitude, sem disciplina expressa na Constituição, poderá conduzir a abusos da União. Daí o espírito da emenda, que limita êsse poder da União àqueles casos em que as isenções e reduções beneficiam exclusivamente coisas ou atividades vinculadas aos fins constitucionalmente entregues à competência federal. Êstes e só êstes. Assim, se à União incumbe "privativamente" "fixar o sistema monetário e instituir banco de emissão" (Projeto, artigo 3, IX), é lícito ao Congresso dispor que Estados e Municípios não tributem tal banco além de limite de X%, ou mesmo não o tributem. Se ela traça diretrizes à educação, (artigo 4, XV), poderá isentar e limitar impostos sôbre colégios e faculdades. Mas não poderá fazê-lo relativamente a atividades que se não relacionem com aquêles assuntos entregues à competência da União (arts. 3, 4, 5 e outros).

V — Êsse dispositivo ainda se reflete sôbre o inciso X, do art. 127:

"Os serviços públicos concedidos não gozam de isenção tributária, salvo a outorgada por lei especial do govêrno tributante".

Em memorial impresso distribuído por várias emprêsas ferroviárias e outras de São Paulo, denuncia-se à Constituinte que, mercê dêsse dispositivo na Carta de 1937, os Municípios paulistas se permitem tributar os edifícios das estações, terrenos de linha, etc.

Verdade ou não, o certo é que existe o perigo potencial a aconselhar que os serviços públicos da União não fiquem entregues à boa vontade fiscal dos Estados e dos Municípios como "poderes tributantes": — a lei federal, feita pelos representantes de todo o Brasil, garantidos os Estados mais fracos pelo Senado, isentará ou limitará na medida do justo e necessário, sem cair nos dois extremos opostos mais igualmente nocivos: a) isenções graciosas pela corrupção ou pressão de emprêsas audazes sôbre maiorias eventuais e fracas de caráter nas Câmaras locais; b) excessos de fiscalismo a embaraçar serviços de interêsse geral da coletividade. (N.º 1908).

Dest'arte, esta emenda deve ser coordenada com outra, que faremos supressiva do inciso X do art. 127.
Aliomar Baleeiro.

NOTA: — Essa emenda, com redação diversa mas com o mesmo alcance, é, hoje, o parágrafo único do art. 31, da Constituição, pelo qual a União poderá legislar outorgando isenção de impostos do Estado, ou do Município, a concessionários de serviços federais, se tais serviços forém do interêsse também desta ou daquela pessôa de direito público. O relator geral da Constituição, dep. Costa Netto, por provocação nossa, em plenário, quando se discutia a redação final do têxto, explicou o sentido do mesmo sem que os Anais registrassem a mais mínima objeção:

"Sendo o serviço estadual, o Estado estabelecerá a isenção de seus impostos e, quando o serviço for federal, a União isentará dos impostos federais, sempre e **ainda dos estaduais e municipais, desde que o serviço seja de interêsse comum às três entidades: União, Estados e Municípios**".

(Ver Des. Duarte: "Constit. Bras. de 1946", I v; pág. 576).

Logo, não parece conciliar-se com a bôa hermenêutica a opinião de Pontes de Miranda "Comentários, I v., pág. 5").

Vêr a emenda 1908.

IMPOSTOS EXTRAOR-
NÁRIOS DE GUERRA.

EMENDA N.º 1934

Ao Tit. IV, cap. I, Secção II (Das Rendas provenientes de impostos).

Acrescente-se mais um dispositivo, após o art. 132:

"Art. — Na iminência de guerra externa, ou declarada esta, é lícito à União criar impostos extraordinários, que se não partilharão na forma do art. 127, inciso III, mas deverão ser supressos gradualmente dentro de cinco anos, contados da assinatura da paz".

JUSTIFICAÇÃO

I — Noutros tempos, os países acumulavam, durante a paz, os "tesouros de guerra" para custeio da mobilização e das operações bélicas. Os empréstimos supriam o resto. Mas a experiência de nosso tempo demonstrou que a guerra já se não satisfaz com aquêles modestos recursos, exigindo tributação violenta, que chega a atingir 60% da renda nacional e não poupa o capital (o "prélèvement sur le capital", por exemplo, defendido por Jéze, Nitti e outros desde a guerra de 1914-1918). O empréstimo forçado, ainda que houvesse encontrado recentemente defensores do porte de Keynes, recebe, em regra, condenação geral. A tributação enérgica é, pois, a fórmula aconselhável, ao lado dos empréstimos voluntários. E quem tiver dúvidas sôbre o vulto do dinheiro necessário, leia, p. ex., o "Lend and Lease": Weapon for Victory" de Sttetinius.

II — A simples majoração dos impostos da competência federal não bastará evidentemente para os encargos de qualquer guerra, a que, por desgraça, sejamos arrastados, como fomos em 1917 e em 1942. A atual crise o prova à saciedade. Logo há mister de prever a necessidade evidente de impostos extraordinários, assim como à de excluir tais tributos da partilha prevista no art. 127, n.º III: — à falta de dispositivo como o desta emenda, a União, em guerra, não terá outra alternativa senão dividir com Estados e Muni-

cípios os novos recursos criados na emergência ou esperar a boa vontade dos governadores e prefeitos para um convênio. Muito embora de tal boa vontade não seja lícito duvidar, convém evitar fórmulas que exigem tempo. Fora delas, o Congresso teria de enveredar pela inconstitucionalidade, num momento em que a harmonia e a confiança nos poderes públicos são condições básicas para a perenidade da Pátria.
Aliomar Baleeiro.

NOTA — A emenda 1934 foi aceita, restabelecendo-se dispositivo da Sub-comissão de Rendas, como se pode observar do artigo 15, § 6.º da Constituição.

**RESTABELECIMENTO
DAS CONSTITUIÇÕES
ESTADUAIS DE 1935**

EMENDA N.º 2.177

Acrescente-se às Disposições Transitórias, onde convier o seguinte:

"Art. Continuam em vigor as Constituições adotadas pelos Estados, em 1935, exceto no que contrariem explícita ou implicitamente esta Constituição, observado, porém, o seguinte:

I — São revogados os dispositivos relativos à representação de profissões nas Assembléias Legislativas ou Câmara de Vereadores.

II — As incompatibilidades e inelegibilidades para os cargos e mandatos nas eleições fixadas no art..... inciso ......, regular-se-ão por estas Disposições Transitórias.

III — As assembléias legislativas que forem eleitas na forma prevista nestas Disposições Transitórias poderão fazer emendas às Consttiuições estaduais indepentemente da forma especial nelas previstas para êsse fim.

IV — Até 7 de setembro de 1947 deverão ser promulgadas pelas Assembléias Legislativas as emendas necessárias a pôr as Constituições Estaduais em harmonia com as disposições destas Constituições.

V — O Senado Federal aplicará ao Estado que não der cumprimento ao inciso anterior as emendas necessárias, que vigorarão enquanto a respectva Assembléia Legislativa não as substituir".

JUSTIFICAÇÃO

I) A necessidade de reorganização dos Estados não exige absolutamente a convocação de Assembléias estritamente Constituintes, o que significaria a acumulação dos poderes legislativo e executivos pelos governadores até que viessem a ser promulgadas as novas consttiuições. Em regra geral, as antigas Constituições estaduais não colidem com o Projeto.

II — Possível e provàvelmente, algumas — não muitas — disposições serão necessárias à adaptação das Constituições estaduais à futura Constituição Federal: — simples emendas realizarão êsse objetivo, indepedente do processo rígido acaso estabelecido naquelas Cartas. E nada impede que tais emendas se votem sem prejuízo das funções ordinárias das Assembléias, notadamente votação de leis, créditos e orçamento.

III — Como tôdas essa Constituições previam a representação de profissões (Const. 1934, art. 7, I, "h") nas Assembléias e isso não foi repelido, expressamente, pelo Projeto, de referência aos Estados, é necessária a revogação prevista no item I supra.

IV — O Senado proverá o caso de mostrar-se displicente qualquer Assembléia, impondo-lhe, provisòriamente, emendas.

A aprovação desta Emenda assegurará a constitucionalização dos Estados simultâneamente com a União, como deve ser desejo de todos os brasileiros.

Sala das Sessões, 18 de junho de 1946 — **Aliomar Baleeiro — Luiz Viana — Alberico Fraga.**

NOTA: — A emenda foi rejeitada.

**ELEIÇÃO INDIRETA
DO VICE-PRESIDENTE
EM CASO DE VAGA**

EMENDA N.º 2.495

Ao art. 57, parágrafo único — Substitua-se pelo seguinte:

"Parágrafo único — Vagando o cargo de Vice-Presidente da República, por ter de suceder ao Presidente ou por qualquer outro motivo, a Câmara dos Deputados elegerá o substituto, que deverá reunir maioria absoluta de votos.

JUSTIFICAÇÃO

Salvo obscuridade de redação, o dispositivo, como se lê no Projeto, prevê a eleição quando concorrem as duas vagas, nada dispondo se uma só delas ocorrer. A solução seria buscada nos dispositivos anteriores, especialmente no art. 51.

A emenda visa não só a clareza mas também dispensa a eleição popular para a vaga do Vice-Presidente, simultâneamente ou não com a do Presidente. A

Câmara, desde que eleita conjuntamente com o Presidente, refletirá a vontade popular no momeno e evitará nova agitação, como ocorreu de 1918 a 1919 (Sucessão de Rodrigues Alves por Epitácio).
Aliomar Balceiro — Rui Santos.

NOTA: — A emenda, em parte, está contida no art. 79, § 2.º da Constituição que manda fazer a eleição pelo Congresso se as vagas ocorrerem na segunda metade do período presidencial.

LIMITES INTER-ESTADUAIS

EMENDA N.º 2.190-A

Ao art. 1, § 1.º — acrescenta-se "in fine": "mantidos os seus atuais limites".

JUSTIFICAÇÃO

— A Constituição, ressalvados os casos de Territórios, que devem voltar a integrar os Estados de que foram desmembrados, como Iguaçú relativamente a Paraná e Santa Catarina, fará serviço à tranquilidade do país mantendo o "statu quo" anterior em matéria de limites.

II — Todos os atos jurídicos ou políticos, que operaram transferências de Territórios no regime imperial, ou no da primeira República, se reputarão intangíveis.

É possível que existam dúvidas a respeito da posição geográfica de determinados rios ou cordilheiras, etc. que sejam os limites Estados ou a respeito de determinada linha a ser tirada de tal ou qual ponto. Nêsse caso, faça-se a demarcação sob processo e julgamento pelo Supremo Tribunal Federal (art. 77, I, "d"), que designará os técnicos para a diligência respectiva, caso os Estados interessados não prefiram acôrdo ou arbitramento. A mesma solução no caso de turbação violenta ou clandestina exercida por qualquer Estado em território do outro, ressalvada a intervenção nos casos e na forma do Projeto.

Sala das Sessões, 24 de junho de 1946 — **Aliomar Baleeiro**.

NOTA: — A matéria veio a ser regulada pelo art. 6 das Disposições Transitórias da Constituição.

APROVAÇÃO DO SENADO PARA INTERVENTORES E GOVERNADORES DE TERRITÓRIOS

EMENDA N.º 2.424-A

Ao art. 32, inciso I: — Acrescente-se, depois de "Ministros do Tribunal de Contas":

"Interventores nos Estados, nos casos do art. 119, e governadores dos Territórios".

JUSTIFICAÇÃO

I — Se o Senado é um concílio dos "embaixadores dos Estados" e se visa, entre outros objetivos, contrabalançar a diferença de representação das unidades federais na Câmara, nada mais justo do que submeter ao voto secreto dos Senadores a escolha do cidadão encarregado de executar a medida extrema e perigosa da intervenção federal.

Não há pessoa medianamente informada dos bastidores da política, no período republicano, que ignore o motivo íntimo das intervenções federais, provocadas, em regra, artificialmente, para que uma oposição, apoiada pelo Presidente da República, pudesse colocar o seu chefe no gôzo do poder usufruído pela oligarquia, que se indispuzera com o Palácio do Catete, ou que errara na previsão de quem aí se instalaria a cada campanha presidencial. Êsse foi o drama não raro sangrento e lutuoso da história política republicana em todos, ou quase todos os Estados.

Essas intervenções se processavam "manu militari", como em terra inimiga: matava-se, incendiava-se uma biblioteca acumulada durante séculos e bombdeava-se a tiro de canhão Krupp, uma cidade aberta após duas horas de aviso apenas O caso da Bahia, em 1912, por exemplo. Depois de 1915 surgiu a importação argentina da figura do "interventor" federal. Dos males, o menor, porque de então para cá se matou menos e já se não incediaram as bibliotecas.

Êsse interventor, entretanto, previsto expressamente depois de 1934, está destinado a desempenhar o ofício de "advogado do diabo" contra a Constituição, porque será fatalmente escolhido não pelo arbítrio do presidente, o que já é um mal em si — mas pela captação exercida sôbre o Presidente pelos interessados em montar a máquina política em determinado Estado, — o que ainda é pior. Pois, no fundo das ondas inquietas e sucessivas da política dêste momento, não é essa fôrça silenciosa e dissimulada que encrespa a superfície das águas? Não aflora isso à consciência de todos? Então, neutralize-se, com a aprovação do Senado, pelo voto secreto, a escolha do sinistro personagem, que há de ser, pelo futuro afora, o interventor.

II — Aplica-se o mesmo aos Territórios, que, também, vão presumìvelmente ter seus "donos" e suas oligarquias. Se copiamos a Constituição Americana, então, não nos esqueçamos de que o Senado e Presidente nomeiam o Governador, o secretário e outras autoridades do Alaska (ato orgânico de 1912), a despeito dêsse território ter Senado e Câmaras locais. Senado e Presidente nomeiam, também, o Governador e o Secretário de Havaí, onde há, igualmente, Senado local (ato orgânico de 1900). O mesmo acontece em Pôrto Rico (atos orgânicos de 1900 e 1917), Zona do Canal do Panamá e nas Virgian Island. Consulte-se, por ex., o livrinho do prof. Sayre "Outline of American Government", 1944, págs. 97 a 100.

Sala das Sessões, 24 de junho de 1946 — **Aliomar Baleeiro**.

NOTA: — A emenda não foi aceita, mas parece que a cautela visada no seu contexto pode ser instituída por lei ordinária.

PROJETOS DE COMISSÕES

EMENDA N.º 2.450

Ao art. 37, ou onde convier. Acrescente-se mais um parágrafo:

" § — Os projetos das Comissões, ou que houverem obtido parecer favorável das mesmas, serão discutidos e votados num turno só, em cada Câmara, desde que se não enquadrem no § 2.º do art. 36, nem criem despesa.

JUSTIFICAÇÃO

Sempre que o projeto não crie emprêgos ou despesas, é dispensável a duplicação das discussões e votações, pois as Comissões de cada Câmara, compostas, em regra, de parlamentares mais especializados nos assuntos da competência delas, estão mais aptas para deliberação. Corrige-se assim a lentidão do processo parlamentar. Nada impede que a lei ordinária (ou o Regimento) crie assessores para as Comissões, como há alhures, ou disponha sôbre a requisição de funcionários técnicos especializados para colaboração em cada caso concreto. Tudo isso garante deliberações sensatas indepedentemente da dupla votação em plenário. Algo semelhante é sugerido por Laski, "Estado Moderno", 2.º v., p. 76 e seguintes.

Aliomar Baleeiro — Luiz Viana — Rui Santos.

NOTA: — Rejeitada: — a matéria ficou delegada aos regimentos de cada Câmara.

**CONDIÇÕES DE
ELEGIBILIDADE
PARA O CONGRESSO**

EMENDA N.º 2.297

Ao art. 8.º parágrafo único — Acrescente-se mais um dispositivo:

"IV — Ter exercido mandatos ou cargos eletivos, ou os de prefeito, ministro ou secretário de Estado o governador de Territórios."

JUSTIFICAÇÃO

É de grande conveniência que o aprendizado inicial da carreira política não comece no Congresso Nacional, mas, pelo contrário, aí ingressem sòmente cidadãos que já tragam conhecimento mínimo dos negócios públicos. A emenda insinúa que o político se forme nos quadros locais — municipais ou estaduais, ou em funções federais de govêrno, o que poupará ao Congresso a sua inexperiência, em face dos problemas públicos. Reporto-me à campanha desinteressada e bem intencionada do sr. Paulo Seabra e adoto, como integrante desta justificação, as ponderações judiciosas de Lasky — "Estado Moderno", 2.º vol., p. 61 e seguintes.

NOTA: — A emenda 2.297 foi rejeitada: — as condições de elegibilidade para o Congresso são apenas as do parágrafo único do art. 38 da Constituição.

AS REIVINDICAÇÕES FINANCEIRAS MUNICIPAIS

O fortalecimento financeiro dos Municípios, através da Constituição, fato que mereceu do prof. Orlando Carvalho, da Faculdade de Direito de Minas, o significativo conceito de **"revolução municipalista de 1946"**, passou por várias etapas, que se podem reunir no seguinte:

— Designada a Subcomissão de Discriminação de Rendas, as opiniões dos seus quatro membros se dividiram: o presidente da Subcomissão, sr. Souza Costa, desejava preservar as receitas federais, de modo que os Municípios melhorassem sem atingí-las; o sr. Benedito Valadares pretendia que as rendas estaduais não fôssem atingidas; o sr. Deodoro Mendonça e eu, como relator, procurávamos obter o resultado, repartindo o sacrifício mais ou menos equitativamente entre a União e os Estados.

Depois de longos debates, sob a pressão dos defensores dos tesouros federal e estaduais, conseguimos por maioria de votos dentro da Subcomissão, o ponto de partida, que figurou no têxto submetido à Grande

Comissão: os Municípios passariam a arrecadar, além do que já lhes pertencia, mais:

a) o impôsto sôbre a valorização aleatória de imóveis;
b) o impôsto cedular de rendas sôbre imóveis rurais;
c) a totalidade do impôsto de indústrias e profissões e não apenas 50 %;
d) o impôsto de transmissão causa mortis sôbre imóveis rurais situados no seu território;
e) um subsídio do Estado até a concorrência da metade do que a arrecadação estadual, no respectivo território, excedesse a dos tributos e rendas municipais.

A discussão do Relatório e do ante-projeto de disposições financeiras da Sub-comissão iniciou-se a ... 7-5-1946, quando o Sr. Souza Costa, presidente daquêle órgão, fêz um resumo do plano e salientou dois pontos:

"— Nêle nos permitimos aconselhar a unificação do direito financeiro e, bem assim, medidas que favoreçam a situação atual dos Municípios".

Como relator, insistimos no mesmo ponto:

"O SR. ALIOMAR BALEEIRO: "Ora, acentuado êste particular, julgo que não deveremos ouvir aqui discussão a respeito das questões que emocionaram as gerações anteriores. Daí concentrarmos nosso estudo em dois problemas que nos pareceram da nossa época.

"Em primeiro lugar, a Subcomissão não poderia ficar surda ao verdadeiro clamor nacional a respeito da situação de miséria em que se encontram os Municípios brasileiros.

"Êsse debate aberto há uns 20 anos, creio que se deve sobretudo a Juarez Távora, a Cincinato Braga e a Sampaio Corrêa, seguidos, depois, por muitos outros, criando verdadeiro movimento de consciência nacional, a fim de que a Constituição corrija o mal, que escapou aos legisladores do passado..." (Diário da Assembléia Constituinte, 10-5-46, pág. 1.617)"

Os debates prosseguiram nos dias seguintes, inclusive nas sessões noturnas, atingindo eu ponto mais decisivo no dia 11 em que a transferência do impôsto de renda sôbre imóveis rurais e o subsídio do Estado foram vivamente combatidos.

Aí surgem inúmeras emendas, dentre as quais a do sr. Mário Masagão, dando a União à cada Município 10% do que nêle arrecadasse a título de impôsto de renda.

Procuramos demonstrar que o problema era evitar que as grandes capitais continuassem a parasitar os Municípios do interior, de sorte que se impunha dar a êstes parte do que se arrecadava naquelas, sobretudo Rio e São Paulo, como os dois maiores focos demográficos e econômicos:

"O SR. ALIOMAR BALEEIRO — Sr. Presidente, lamento ter de votar contra a emenda do Sr. Deputado Mário Masagão.

Infelizmente, ela não corrigirá o mal que todos nós desejamos eliminar para sempre da vida social, política e econômica do Brasil, como Vossa Excia. bem focalizou, desejo que está no coração e no espírito de todos nós, sem exceção alguma até agora.

O ilustre Representante Sr. Mário Masagão pretende que os Municípios venham a ser beneficiados com a parcela de 10 % sôbre o impôsto de renda nêles arrecadado. A conseqüência prática dessa medida é que, no Brasil, todos os seus mil e seiscentos municípios permaneceriam no mesmo estado de jejum financeiro em que têm vivido até hoje, e que apenas dois focos demográficos já hipertrofiados, como é do conhecimento de todos, — a cidade do Rio de Janeiro e São Paulo, — seriam amparados pela medida de S. Excia.

O que se dá no Brasil é que a arrecadação do impôsto de renda, tributo que recai sôbre a riqueza mobiliária por excelência, naturalmente se eleva naqueles focos demográficos, onde essa riqueza mobiliária, por causas sociais, políticas, de tôda a espécie, se concentrou.

Todos sabemos que os homens que enriquecem em tôda parte do Brasil procuram, — como é óbvio e justo até certo ponto, — fixar residência nos locais que lhe ofereçam maior conforto e maiores possibilidades de negócios. Daí o afluxo contínuo para o Distrito Federal e São Paulo.

O fato não necessita de comentários, porque quase todos nós ouvimos ou lemos o trabalho largamente documentado do Sr. Rafael Xavier. A conseqüência é esta: o impôsto de renda apresenta as suas maiores colunas nas estações arrecadadoras de São Paulo e do Distrito Federal, enquanto que, todo o resto representa apenas um vigésimo, um trigésimo ou mesmo um centésimo da altura desta coluna. Nêste quadro que tenho em mãos vêmos, de um lado, as grandes colunas — São Paulo e Distrito Federal — e do outro, o resto dos Estados. Na extremidade dêste mesmo quadro estão os Estados de Goiaz, Rio Grande do Norte, Espírito Santo, Paraíba, Sergipe, Maranhão, Minas Gerais, Alagôas, Santa Catarina, Amazonas, Piauí, Pará, Ceará, Rio de Janeiro, Paraná, Bahia, Pernambuco. Olhem para as colunas de Pernambuco, São Paulo, Rio de Janeiro e Minas Gerais e verão os benefícios que vão ter,

O SR. NEREU RAMOS, PRESIDENTE — Encaminhando a votação quero esclarecer meu ponto de vista. Voto contra a emenda do ilustre Representante Sr. Mário Masagão, não pelos fundamentos expostos pelo nobre representante Sr. Souza Costa, mas porque concordo com o Sr. Aliomar Baleeiro em que a emenda não resolve o caso dos Municípios.

Como sabem os Srs. Representantes, o Brasil é um país despovoado. Sendo assim, o impôsto de renda é arrecadado sobretudo nos grandes centros urbanos. Daí porque o Distrito Federal e São Paulo são os que mais se beneficiam dêsse impôsto. Se votássemos por êsse dispositivo, os Municípios do interior onde a arrecadação do impôsto de renda é insignificante, ficariam sem o auxílio que lhes queremos dar. O gráfico oferecido pelo nobre Deputado Sr. Aliomar Baleeiro é expressivo. Auxiliaríamos justamente aquêles Municípios que menos precisam, deixando de fazê-lo em relação aos que mais necessitam.

Não adotaria a fórmula sugerida em aparte pelo Sr. Artur Bernardes, de fazer-se uma distribuição inversamente proporcional, porque a acho injusta e por isso inexequível. Desejaria fórmula que beneficiasse os Municípios proporcionalmente às suas verdadeiras necessidades, permitindo-lhes desenvolvimento mais rápido. Êsse desenvolvimento traria elevação das rendas da própria União. Voto contra a emenda".

E procuramos defender emenda que restituisse aos Municípios sertanejos, através de devolução de parte do impôsto de renda federal, um pouco daquilo com que, a expensas dêles, indiretamente, se locupletavam as capitais:

"O SR. ALIOMAR BALEEIRO — Sr. Presidente, mais uma vez, releve-me o ilustre Representante,

Presidente da Subcomissão, essa é a maior virtude da emenda.

Se queremos a unidade da Pátria, temos de colocar, em primeiro lugar, a solidariedade nacional. Não é desejo nosso permitir continui o que se está passando no Brasil.

Meu ponto de vista é que a emenda corrija um dos males nacionais, o de desenvolvimento desigual num país de oito milhões e meio de quilômetros quadrados, que ainda se encontra na situação descrita pelos cronistas do império colonial, "arranhando as praias como caranguejos". Povoamos a orla marítima, semeamos vinte fócos demográficos. Encontramos ainda São Paulo ligado umbelicalmente a Santos e, fóra disso, somos um grande país despovoado e que cada vez mais se despovôa, atraídas que são as populações pela faixa litorânea. A virtude da emenda é exatamente a de permitir que as partes mais civilizadas, que mais progrediram e se beneficiaram com a produção do resto do país, concorram apenas com a migalha de 10% para que o progresso do Brasil se distribua uniformemente. Se queremos unidade nacional, não é com delírios diante da bandeira verde e amarela, nem com frases mais ou menos retóricas, nem com os chavões oratórios — não me refiro às palavras há pouco proferidas pelo nobre Deputado Sr. Ataliba Nogueira — mas com medidas de ordem prática, que satisfaçam os nossos reais interêsses, enfim, medidas profundas de ordem econômico-social.

A emenda satisfaz perfeitamente; e devemos frisar que o mesmo fenômeno já foi resolvido em outros países, onde não se apresenta com tanta gravidade como aqui. Nos Estados Unidos, por exemplo, não há o fenômeno da condensação demográfica. O oeste e o middlewest estão bastante povoados e são grandes centros de progresso e riqueza, como a Califórnia. A política americana de Roosevelt consistiu em pegar as grandes rendas nacionais e, através de auxílios aos Estados e Municípios, idênticos aos que a Comissão não me quiz dar a honra de aceitar, imprimir vida nova e fecundar a parte atrasada do país. O maior exemplo disso é o Tennessee, a mais vultosa realização de uma democracia dinâmica. O govêrno americano empregou lá sete milhões de dolares, fazendo centro de riqueza, de expansão, paragens onde havia um rio, que só trazia prejuízos pelas sucessivas enchentes, e onde grassava impaludismo. Construiu dezesseis barragens nas cataratas existentes, instituiu um regime permanente de auxílio e ali promoveu uma civilização nova. Êste o fim da emenda.

Pondero, ainda, ao Sr. Deputado Souza Costa, que um pequeno acréscimo no impôsto de renda compensará suficientemente o sacrifício que a União, por acaso, faça." (Diário da Assembléia, 15-5-46, pág. 1748).

O Sr. Arthur Bernardes concordou em que a distribuição deveria ser inversamente proporcional.

Afinal caiu, nessa ocasião, o dispositivo que dava aos Municípios 50% do excesso da arrecadação estadual sôbre a municipal (mais tarde restabelecido no art. 20 da Constituição) e foi aprovada a emenda de Adroaldo Mesquita e outros:

"A União entregará aos Municípios de cada Estado, em partes iguais, 10% do que nêle arrecadar pelo impôsto de renda". (Diário cit.).
Nêsse dia, 11 de maio de 1946, fizemos a seguinte declaração:

"O SR. ALIOMAR BALEEIRO — Sr. Presidente, antes de encerrar-se a sessão da parte da manhã, quero deixar consignada na ata dos trabalhos uma decla-

ração pessoal, que me sai do coração e da consciência:
— creio que acabamos de operar verdadeira, justa e profunda revolução social nêste país, abrindo possibilidades de que os serviços públicos municipais assumam consistência que assegure a quarenta milhões de brasileiros uma vida compatível com a dignidade humana, um mundo melhor para as populações do interior. A votação dos dispositivos e emendas favoráveis à melhoria financeira dos Municípios tem tal significado. Não houve mérito pessoal de ninguém, porque todos queriamos realizar essa velha aspiração do Brasil brasileiro — o dos sertões e do interior. Mas é dever de justiça, que cumpro com alegria, o de dar testemunho de que o decisivo apoio de V. Excia. assegurou a vitória desa realização, a maior desta Assembléia Constituinte. Prestigiando e apoiando essa iniciativa em favor dos Municípios, V. Excia., pelo menos nêste instante, foi o lider não de seu partido, mas de tôda a Comissão e se impôs à gratidão de 40.000.000 de brasileiros." (*)

O problema, já agora, consistia em evitar que os Municípios tivessem apenas participação no impôsto de renda arrecadado no seu Estado. Urgia que as regiões mais ricas viessem em socorro das menos desenvolvidas. Como era natural, a resistência dos representantes de São Paulo se mostrou tenaz. Demos nossa assinatura e apôio à emenda Durval Cruz ao projeto já no plenário: — distribuição de 10% igualmente por

---

(*) O Sr. Nereu Ramos teve a bondade de nos dirigir as seguintes palavras mais tarde: "Os que trabalhamos a Constituição de 1946 havemos sempre de depor que o grande e insubstituível lider do movimento de redenção financeira dos Municípios brasileiros foi Aliomar Baleeiro".

todos os Estados para que êstes rateiassem pelos seus Municípios também partes iguais ou como procuramos explicar em discurso, no plenário, em sessão de 12 de junho de 1946:

"Por outro lado, era preciso dar um remédio para que o dinheiro circulante pelo Brasil inteiro funcionasse como num sistema de vasos comunicantes, igualando o nível de bem estar por tôda a parte, mercê dos serviços públicos.

Daí a emenda que redigimos em colaboração com diversos colegas, por sugestão do Sr. Senador Durval Cruz e com apoio de muitos Srs. Representantes, no sentido de que 10% do impôsto sôbre a renda, destinados a rateio entre os Municípios, o sejam em partes iguais, para que se divida também em partes iguais pelos Municípios. Só assim pode realmente fazer uma potílica de solidariedade nacional.

Evidentemente, São Paulo e o Distrito Federal — devemos dizê-lo com tôda a lealdade — serão os únicos prejudicados imediatamente, mas não mediatamente, por essa emenda. Com efeito, se olharmos um quadro estatístico, uma representação gráfica da arrecadação do impôsto de renda no país, veremos que as colunas do Distrito Federal e de São Paulo formam duas enormes tôrres, longuíssimas, ao lado de pontinhos, mínimos, de um décimo, de um vigésimo dos outros Estados. Afinal se o Distrito Federal e São Paulo são as duas únicas, ou, pelo menos, as duas principais zonas industrializadas do Brasil, será possível que não ocorra, até por egoismo, ao pensamento dos ilustres Representantes dessas duas unidades da Federação, que devemos criar vida em todo o nosso território, para que se abra a única condição de sobrevivência das indústrias de São Paulo e do Distrito Federal, que é o mercado interno? Acaso, poderão subsistir as indústrias de São

Paulo, a produção paulista e do Distrito Federal, se não criarmos um grande mercado interno com amplo poder aquisitivo servido pelas mais completas vias de comunicação? Poderá haver indústria e comércio se as mercadorias não tiverem meios de chegar aos pontos mais remotos do Brasil e, por outro lado, pensar-se-á que êsse Brasil — tão longínquo, poderá comprar se não vender também? Poderá haver indústria e comércio se não estiverem os Estados fracos em condições de pagar e fornecer matéria prima e outros elementos necessários ao Distrito Federal e São Paulo sobretudo alimentos, quando estamos vendo famintos os dois grandes centros demográficos, a despeito de sua capacidade de pagar?

O SR. ALIOMAR BALEEIRO — Como disse a V. Excia., o mal estará remediado, conforme a emenda foi redigida. Primeiramente, estabeleceu que a renda total dêsses 10 % será dividida por todos os Estados e, depois, a cota de cada Estado será partilhada entre os Municípios do mesmo Estado. Assim, se um Estado multiplicar seus Municípios, diminuirá a cota de cada um e não vai locupletar-se, portanto, com uma contribuição maior em detrimento dos demais.

Nêste particular quero fazer justiça ao nobre Representante Sr. Gustavo Capanema um dos primeiros a sugerir essa matéria a ponto de ter pedido a S. Excia. que redigisse essa emenda. Quero dar o seu a seu dono.

O Sr. Gustavo Capanema — Aqui estou para ajudar e apoiar.

O Sr. Hermes Lima — Outro temor meu é o seguinte: essa renda vai ser aplicada aos Municípios. Pelos cálculos feitos, atualmente cada município do Brasil poderá receber talvez 200 mil cruzeiros.

O SR. ALIOMAR BALEEIRO — Não chegará a tanto, na situação atual.

O SR. Hermes Lima — E' capaz de chegar.

O SR. ALIOMAR BALEEIRO — Mas o impôsto de renda é um tributo grandemente produtivo e o pressuposto é o de que acompanha a marcha naturalmente evolutiva da riqueza nacional. Evidentemente, cada ano tenderá a aumentar essa cota.

O Sr. Hermes Lima — O problema é o seguinte: precisa-se evitar que os Municípios empreguem, na máquina burocrática, êsses dinheiros que vão receber.

O SR. ALIOMAR BALEEIRO — E' outro problema. A nossa recomendação deve ser dirigida a todos os Municípios, aos Estados e à União, porque nem a União nem os Estados são modelos de boa administração no Brasil; pelo contrário, a União apresenta quadro dos mais desabonadores, em matéria de administração pública, e outro tanto sucede na quase totalidade dos Estados, para não dizer na totalidade.

Afinal, não pude, em meio a tantos apartes, expor meu ponto de vista, de que o aparêlho fiscal brasileiro se ressente dêsses defeitos, de inconveniência e injustiça, sob os pontos de vista geográfico e social.

Se o Estado cada vez mais tira das regiões menos favorecidas pela sorte e pela natureza e dos indivíduos não abastados, para dar às regiões e homens mais ofortunados, então é porque o aparêlho fiscal é errôneo e mistér se torna solução para o caso. Não basta apontar o mal. No projeto que saiu da Comissão várias medidas foram alvitradas, criando-se novas fontes de receitas sôbre atividades largamente remuneradoras e que, até hoje, passam incólumes pelo fisco. Uma delas foi o impôsto sôbre a valorização eventual dos imóveis rurais e urbanos, isto é, sôbre aquilo que um proprietário de imóvel ganha sem nenhum esfôrço, sem trabalho, não por efeito de obras públicas no local, (caso que justificaria a contribuição de melhoria) mas devido ao desenvolvimento demográficos da riqueza geral, fato peculiar a tôdas as grandes cidades, sobretudo aos países novos.

Êsse impôsto é conhecido na Inglaterra por "unearned increment" (incremento não ganho). Foram feitas experiêcias na Algéria, Marrocos, que não vem ao caso citar, entretanto em minúcias. Êsse tributo foi repelido pela Comissão. Quando saiu da subcomissão, o projeto o atribuía aos Municípios, porque a valorização decorre sobretudo da boa administração municipal e do desenvolvimento demográfico dos Municípios a opulentar imóveis — mas foi repelido por aquele espírito reacionário, a que me reportei de comêço.

Eis que, ante-ontem, o Sr. Presidente da República baixou Decreto-lei criando êsse impôsto, sob o título de tributação sôbre o lucro auferido na diferença entre o prêço anterior e o atual da venda do imóvel. Que o impôsto é justo na sua essência, não há dúvida; e, se eu próprio o defendi, na Subcomissão, não vejo por que não o defender agora, pois estou convencido de sua justiça tanto ontem como hoje. Mas que o Ministro da Fazenda criou êsse tributo da maneira mais desastrada possível em técnica fiscal, também não há dúvida alguma. Êsse impôsto deve ser cobrado sob uma tarifa progressiva ou melhor, degressiva, partindo de uma tributação suave até a mais enérgicas, quando a valorização atingir a 100, 200, 300, 1.000 por cento. Nunca, porém, como foi feito numa base proporcional uniforme, de 8%, concedendo, apenas, deduções do impôsto de transmissão na aquisição do imóvel e das benfeitorias por acaso introduzidas, e outras de 2 a 10%, conforme já tivesse decorrido prazo relativamente grande, entre a última aquisição e o momento da venda.

Não ocorreu ao govêrno que parte dêsse lucro é aparente e fruto da inflação. Com isso, há tremenda iniqüidade e estôrvo profundo para a mobilização da propriedade e para a circulação dos direitos sôbre a propriedade imóvel, urbana ou territorial, transformando-se em verdadeiro impecilho à solução dêsses problemas gravíssimos, dentre os quais o de habitação nêste país.

Quando ocorreu à Subcomissão a idéia de encarar êsse impôsto, um dos maiores receios que tínhamos era que a União o criasse, ela que já reservou para si a parte do leão na distribuição das rendas públicas. Exatamente aquêle receio se concretizou, e vemos hoje, da maneira mais infeliz, o impôsto já instituído.

Por que o não reservarmos à atribuição municipal, se o Município, afinal, é que enseja a valorização dos imóveis, de modo genérico, através de um conjunto de obras públicas, fazendo com que decorram tais lucros espantosos para a propriedade particular?

Não sei quantos minutos me restam ainda para ocupar a tribuna, e não desejo ser advertido pelo Senhor Presidente. Pretendo, entretanto, tratar de outros pontos.

Êsse mesmo princípio a que me reportei, na necessidade de distribuir igualmente o impôsto de renda por todos os Municípios, deve ser aplicado, por outro lado, àquela disposição relativa aos combustíveis, porque, se conservamos o espírito da emenda n. 4, os Municípios do interior, como penso, não poderão ter novas estradas, visto como não consomem gasolina ou qualquer outro combustível, e, assim, cairemos num círculo vicioso e cada vez mais evitaremos a homogeneidade no país: os Estados que dispõem de rodovias aumentarão suas rendas e ficarão em retardamento os destituídos delas. Não consomem combustíveis porque não têm estradas e não tem estradas porque não consomem gasolina...

Nada mais justo, portanto, em nome da solidariedade nacional, do que a distribuição igual do impôsto resultante do consumo de combustíveis. Beneficiará até aos Estados e Municípios que aparentemente sofrem desfalque com a emenda proposta".

Difícil a composição com a representação paulista, realizou-se, afinal, graças aos bons ofícios de vários eminentes congressistas, dentre os quais destacamos os srs. Otávio Mangabeira e Juracy Magalhães, da bancada baiana.

Ficou acordada a aprovação da emenda Alcedo Coutinho. que mandava distribuir os 10% do impôsto de renda igualmente com todos Municípios, prevalecendo a exclusão dos capitais, já antes assentada.

Conseguimos ainda o restabelecimento da devolução do excesso da receita estadual sôbre a municipal, embora reduzida de 50% para 30% (art. 20 da Constituição) e consolidou-se a transferência da totalidade de impôsto de consumo para os Municípios.

Os resultados dessa "revolução municipalista" são notórios: pequenos Municípios já duplicaram e alguns até triplicaram as receitas. As cifras brutas exclusive capitais, que não fôram beneficiadas, são as seguintes nos mais recentes dados estatísticos publicados pelo sr. Gerson Silva no Boletim do Conselho de Economia e Finanças, em janeiro 1950:

1946 . . . .   979.563
1947 . . . . 1.055.013
1948 . . . . 1.567.851

Logo que a nova discriminação esteja inteiramente em vigor, a partir de 1951, sobretudo, os resultados serão impressionantes.